はじめに

1. 医療広告規制が大幅改正！　何が変わったの？

　2018 年 6 月 1 日に医療法が改正になり、医療に関する広告規制のルールが大きく変わりました。ルール○○○○○○○○○○○○ガイドライン」は、2007 年の制定以後最も大幅な○○○○○○○○○○○○界だけに留まらず、広告業界、健康食品業○○○○○○○○○○○○しています。

　各業界を揺るがすことにな○○○○○○○○○○○○、医療機関のホームページが広告として扱われることになったという点です。「広告」になるとどうなるかというと、チラシ・ダイレクトメール・看板などと同様にホームページも広告規制に従って制作しなければならず、違反した場合には罰則を受けることを意味します。最悪の場合、医院の閉鎖処分や 6 カ月以下の懲役または 30 万円以下の罰金刑が下されます。

　「広告規制が改正されたのは知っているけど、行政からの取り締まりもないし、他にも対応していないところはいっぱいあるよ」と油断されている医院には、明日にも広告規制違反を指摘する通知が届くかもしれません。現に改正初年度の 2018 年には年間 1191 件の指摘がされており、今後さらに厳しくなっていくと予想されています。既に対岸の火事ではないのです。

　ホームページによる集患が新患の大半を占めるという医院にとって、ホームページに対する制限は経営を揺るがす死活問題です。今まで当然のように記載していた内容や表現が記載できなくなったことで、ホームページ経由の来院数や予約申込に影響が及び始めています。そんな中、右往左往する競合他院を尻目に、ホームページ経由の集患を伸ばす医院が現れてきています。改正により表現が制限される中、これらの医院はどのようにしてホームページからの集患を伸ばしているのでしょうか？

2. 何も書けなくなった！ は本当？　真実は、むしろ逆

　ガイドライン改正に対する注目の高さを示すように、マスコミや個人ブロ

グなど多くのメディアで新しいガイドラインの解説がされています。しかし、いざ調べてみると、それぞれの記事で言っていることが違うと感じた方はいないでしょうか?

「ビフォーアフターが禁止になった」
「患者さんの体験談が禁止になった」
「アンチエイジングや審美歯科という言葉が使えなくなった」
「リスティング広告ができなくなった」
「規制が厳しくなって何も書けなくなった。差別化ができない」
「紙媒体なら大丈夫。これからは紙の時代だ」
「医療機関だけじゃなく、鍼灸柔整やアロマテラピーも対象になる」
「ポータル(口コミ、ランキング含む)サイトは規制対象外」
「どうせ今まで通りで何も変わらない」
「ホームページ屋さんに任せておけばいい」

　これらの噂の何が正しくて、何が間違っているのか?　そもそも、なぜ間違った情報が拡がってしまったのか?　そこには公表されている医療広告ガイドラインだけからでは決して分からない、ガイドライン制定までの経緯に答えが隠されています。本書では、新しい医療広告ガイドラインの真実を解き明かし、広告違反による指摘リスクを回避する方法を解説します。
　さらに「集患戦略家」を名乗り、日々医院のweb対策をサポートしている私ならではの、ガイドラインを活用した集患戦略についてもお伝えします。私はガイドライン改正後、セミナー受講生やクライアントの医院に**「改正で厳しくなったどころか、むしろ緩和になった」**と伝えてきました。本書を読み終わり、医療広告規制の全てが理解できた時、きっと皆様は規制を守らなければならないという義務感から解放され、規制を活用して自院の魅力を患者さんに伝えようと期待に胸が膨らむことでしょう。

3. 今後の医療ビジネスの行く末が知りたい全ての方にお勧めします

　院長をはじめ、医院経営に携わる医師や事務局、広報部に所属する方には必ず読んでいただきたいと思います。本書の内容は今後どころか、既に医院経営をする上で必須の知識になっています。さらに、AIによりポジションが脅かされると言われる放射線技師や画像診断に携わる方も必見です。生き残る上で、医療広告ガイドラインの知識は必ず役に立ちます。加えて私は近い将来、薬剤師や看護師、歯科衛生士、臨床検査技師、医療スタッフ、受付スタッフに至るまで、全ての医療従事者に影響を与える「症例紹介ブログ2.0時代」が到来すると予想しています。これを知っているか知らないかで未来のポジションとお給料に大きな差が付くことになるでしょう。なお医療法では、広告違反に関与した全ての者に連帯責任が生じると定められています。医療コンサルタントの方やホームページ制作会社、はたまたフリーでホームページ制作をしている個人事業主も罰則対象になりえます。知らなかったでは済まないので、しっかり勉強しておきましょう。

　また現在、あん摩マッサージ指圧師、はり師、きゅう師及び柔道整復師等の広告ガイドラインを新設するために、厚生労働省にて有識者会議が開かれています。まだ検討の段階でありますが、どうやらこれまでの新旧ガイドラインの要素を組み合わせた広告ガイドラインになりそうです。今のうちに本書で医療広告ガイドラインの予習をしておき、広告規制の施行に備えましょう。

　もちろん新しく医療ビジネスに参入しようと考える方にとっても本改正は大チャンスです。医療業界のターニングポイントと言っても過言ではない医療広告ガイドライン改正を知らないまま進めることは、ビジネスのリスクを増大させるとともに大きな機会損失になりかねません。

　なお、本書では医療広告ガイドラインの他、医療広告を行う上で押さえておきたい関連法規についても併せて解説しています。薬機法、景品表示法、健康増進法、個人情報保護法、GDPR、あはき柔整法など、普段関わりがないためになかなか知る機会がなかったという方も多いと思います。本書で関連法規制の要点をまとめて押さえ、集患に生かして頂ければ幸いです。

目　次

第4章　広告規制を活用した集患対策

第5章　あはき柔整に対する新広告ガイドライン策定の取り組み

第6章　医療広告ガイドライン改正で日本の医療が変わる

序

ホームページは集患の要

1. 患者さんの心を動かすホームページを作る

　今やホームページなしで、患者さんに来院してもらうことは難しくなりました。患者さんが、たとえ家族や友達から病院の紹介を受けたとしても、まずホームページを確認し、医院の雰囲気やアクセスを確認してから来院しようかどうかを決めるケースがほとんどです。もしホームページを見て、医師が気難しそうと感じたり、院内が不衛生であるように見えたり、車で来院しようと思っていたのに駐車場について書かれてなかったりしたら、途端に来院することを躊躇してしまうことでしょう。その医院でしか受けられない特別な治療法があるというような場合を除き、大抵の人はホームページの印象で来院するか否かを決めてしまいます。

　患者さんは明るく、清潔感に溢れ、医師やスタッフが優しそうな医院に行きたいものです。デザインが綺麗でサクサク動くホームページがもはや当たり前になった今、如何に患者さんの心を動かすホームページを作るか。それを提案し、叶えるのが私の「集患戦略家」としてのミッションです。

2. なぜ医院には良いホームページが少ないのか？

　私は集患戦略家を名乗り、医院のweb対策を支援する会社を経営してい
ます。生物工学修士を経て、前職は医薬品や医療機器の開発業務に従事して
いました。開発業務というと、研究室で実験している姿を思い浮かべる方も
いらっしゃると思いますが、むしろアクティブに外へ出る仕事でした。

　医薬品の開発とは、実験室で作られた薬になる前の成分を実際にヒトに投
与する「治験（臨床試験）」を行い、国に薬として認めてもらうまでの過程
を指します。薬として認められるためには、より多くの患者さんのデータが
必要とされるため、治験の多くは全国の医療機関で実施されています。

　私は様々な治験で全国の医療機関を回り、治験薬について説明していく中
で、あることに気づきました。せっかく患者さんのためを想っていろいろ
努力をされているのに、その魅力を患者さんに伝えきれていない医院が非常
に多いということでした。「どうしてこんな良い取り組みをやっているのに、
ホームページに書かないのだろう？」と常々不思議に思っていた私は、ある
時、直接院長に聞いてみました。すると困った顔でこう言いました。「私はちゃ
んと伝えているつもりなのだけど、いくら言ってもホームページ屋さんに伝
わらないんだよね」今でこそ医療専門を謳うホームページ制作会社は増えて
きましたが、私が創業した当時は医療の知識が全くないまま制作を行ってい
る会社も多く、患者さんが本当に知りたいことを正確に伝えられているホー
ムページはほとんどありませんでした。

　失敗するホームページのパターンは大きく2通りに分けられます。1つは
デザイン重視で見栄えはいいけど、内容が浅くどんな強みがあるのか全く伝
わらないパターン。もう1つは先生の熱意に任せ、専門用語たっぷりの文章
をそのまま採用し難解なサイトになってしまうパターンです。シンプルで
キャッチーな表現がイコール分かりやすいわけではありません。言葉足らず
でも難しすぎても、患者さんには伝わりません。失敗するホームページに共
通することは、ホームページ制作者における医療に対する興味関心と理解の

欠如です。つまり、先生がどれだけ熱意をもって説明しても、制作側の人間がそれを受け取ることができなければ、第三者である患者さんに魅力を伝えるホームページを作ることなどできないというわけです。

　もちろん中には、どのように書けば患者さんに伝わり、かつ検索で上位表示させられるかをご自身で勉強をされて、web に適した文章を制作会社に渡すことができる医院の先生もいらっしゃいます。しかし、進化のペースが速い web 業界の最新知識をずっと追い続けることは難しく、自分だけでなんとかするのも限界があるというものです。

　そこで、医療従事者の言葉を翻訳し、web 制作者との仲介をする事業にビジネスチャンスを見出し、2011 年に医療専門の web 制作会社を立ち上げました。創業当初から、医療広告ガイドラインを遵守して、ホームページ制作することを掲げ、旧広告ガイドラインから新広告ガイドラインに至るまでの経緯を全て追ってきました。なぜまだ法制化していなかった旧広告ガイドラインの時から、ガイドラインの遵守を掲げていたかというと、医院のホームページを適正化すべきと考えただけでなく、私のバックグラウンドに起因した理由があります。治験に携わった経験のある方であればお気づきになったかもしれませんが、新薬が医薬品として認められるために行う治験はGCP という厳しい法律に基づき実施しなければなりません。分厚い法律の本を頭に叩き込んだ上で、現場に沿った法の解釈を医師に説明することが求められます。その経験はあれから 10 年以上経った今も、医療広告ガイドラインを読み解き、現場に当てはめ活用することに非常に役立っています。

3. 選ばれるホームページを作るために必要なこと

　こういった私の経歴を知って初めて、皆様は私がなぜ本書を執筆したのか、医療広告ガイドラインや集患について熱意を持ち、専門家として精通するまでになったかを理解いただけたことかと思います。しかし、もしこういった私の想いやバックグラウンドのストーリーを説明しないまま、ガイドライン

の説明に入っていたとしたら、皆様はどう思っていたでしょう？

　「医療業界についてどれくらい知っているのだろう？」、「なぜ医療広告規制に詳しいのだろう？」、「この筆者が書いた内容は本当に正しいのかな？」、「信じて大丈夫かな？」などと思っていたのではないでしょうか？　まだすべての方の疑念を払拭できていないかもしれません。しかし、素性が知れたことで、ある程度怪しさは薄れたことでしょうし、あとは本書を読み、各々評価をいただければ幸いです。

　お伝えしたかったことは、今書いた本書と著者の関係と同じことが医院のホームページにも言えるということです。院長がこれまでどんなバックグラウンドで医療に邁進してきたか、どんな想いで何を目指して開院したか、なぜ特別な医療サービスを提供できるか、他の競合他院とは何が違うのか、なぜあなたは当院に来院すべきか、といったどうしても来院したくなる理由がホームページに盛り込まれていることで、初めて患者さんは貴院に興味を持ち、来院することを検討します。**医院の「らしさ」や院長のこだわりこそが患者さんの心を動かします。**どんな内装か、どんな機器があるか、どんな治療をやっているかだけでは、知りたいという気になりません。「近かったから来ました」という患者さんしかいないと悩んでいる医院は、自院のホームページを振り返ってみてください。

　しかし、ここで注意しなければならないことがあります。患者さんが来院したくなるホームページは、当然医療広告ガイドラインを遵守した上で制作しなければなりません。患者さんのためを想うと、つい「必ず治る」「副作用なし」「この治療はうちでしかできない」といった表現を使いたくなってしまいますが、これらはガイドライン違反です。

　「ガイドラインを遵守した上で、患者さんに選ばれるホームページを作る」こう書くと一見、非常に難しいように思われます。しかし、私は2018年の医療広告ガイドライン改正により逆にハードルが下がったと解釈しています。なぜなら、ガイドラインを正しく理解し、一定の条件を満たすことで、書ける範囲が大きく拡がったためです。一方、ガイドラインの理解が中途半

端であった場合、書ける範囲を明確に把握できず、どこまで書けるかの判断がつきません。場合によっては法に触れる表現になってしまったり、逆に患者さんに必要な情報を届けられなかったりします。

　本書を手に取った方はガイドラインを味方につけ、患者さんに選ばれるホームページを制作する上で大きなアドバンテージを得られます。是非この有利な状況を活かし、いち早くガイドライン対策を講じたホームページを作ってください。

第1章

新医療広告ガイドラインが
作られるまでのミステリー

1. 医療広告規制を歴史から読み解く

　医療広告ガイドラインの説明に入る前に、医療広告ガイドラインが改正になった経緯について解説します。ガイドラインの難解な言い回しを読み解くためには、これまでの経緯を知ることが役立ちます。

　これまでの広告規制は何が問題で、なぜ改正する必要があったのかという経緯を知れば、現在の医療広告ガイドラインの行間に込められた厚生労働省の意図が分かります。なぜわざわざ「限定解除」という分かりにくいルールを加えなければならなくなったのか？　なぜ禁止されていたビフォーアフターが一転解禁となったのか？　審美治療や未承認薬が記載可能になったのは美容医療サービスの行き過ぎた広告がきっかけになっていた？　など皆様の興味をそそる謎を明らかにしていきます。

　こうした経緯を知ることは、今後の改正の方向性を予測することにも繋がります。各省庁で行われた検討会の議事録等から、年表や歴史の空白で何が話し合われ、なぜ厚生労働省は大幅に路線変更することになったのか、その裏側を考察します。なお、ガイドラインに関する内容はその後の章で改めて詳しく解説しますので、本章は全体の流れを掴むことに意識を集中して、どんどん読み進めてください。

　そもそも医療に関する情報提供は、いつから規制され始めたのでしょう。その始まりはなんと戦後間もない 1948 年（昭和 23 年）に制定された**医療法**において、広告可能な事項が定められたことまで遡ります。さらに同年、広告可能な診療科名を定めた医療法施行令、広告内容を少し細かくした医療法施行規則が定められ、右図のように法を頂点とした広告規制の体系が整えられました。

【図表1-1】広告規制の体系

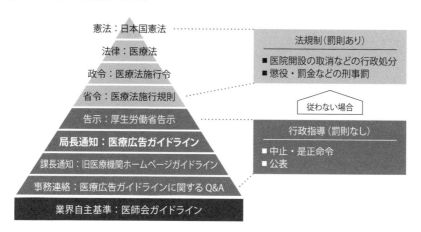

　規制が公布される際、日付とともに、「厚生労働省令」や「厚生労働省告示」、「医政発」などと書かれているのをみたことはありませんか？　これはどこから発令されたかを示し、【図表1-1】にあるピラミッドの上に行けば行くほど、重要であり罰則も厳しいことを示します。ちなみに医政発とは厚生労働省医政局から発令されたという意味です。具体的な細かい内容を全て法に記載していたのではキリがないので、実際の運用を記載した細かい内容は、下部の組織から発令されます。つまり、この序列を覚えておけば、発令の重要度が一目で分かるという仕組みになっています。

　バブル崩壊後、情報開示の風潮が高まる中、医療に関しても患者さん自身で治療の選択ができるようにと、規制緩和が進みました。2001〜2002年に発令された告示から、広告できる範囲が拡がり、治療方法、手術件数、専門医などを広告することが可能になりました。さらに、2006年に第5次改正医療法と呼ばれる「良質な医療を提供する体制の確立を図るための医療法等の一部を改正する法律」が定められると、広告できる内容が拡がり、より柔軟になりました。これまでは、広告できる項目が一つひとつ列記されており、記載できる内容が厳しく限定されていたのですが、それが「○○に関する事

項」というようにある程度の枠をもって包括的に規定されることになりました。さらに、書くことが認められていないことを書いたら即罰則になる「直接罰」であったものを、行政による立ち入り調査や中止命令に背いた場合に罰になる「間接罰」に改められました（ただし、虚偽の内容については直接罰のままになっています）。

　包括的な記載方法によって柔軟性が増す中、どこまで記載が許されるのかといった運用面の疑問に応える形で誕生したのが、2007年3月30日に医政発第0330014号医政局長通知として発令された「医業若しくは歯科医業又は病院若しくは診療所に関して広告し得る事項等及び広告適正化のための指導等に関する指針（医療広告ガイドライン）について」です。

　これが最初の医療広告ガイドラインであり、現在の医療広告ガイドラインと区別して、「旧医療広告ガイドライン」と呼ばれています。

　やっと出てきた医療広告ガイドラインですが、【図表1-1】のピラミッドから分かるとおり、局長通知はかなり下の方です。上に行けば行くほど重要だと考えると、拍子抜けする方もおられるのではないでしょうか。

　実は、ガイドラインはそもそも「地方自体法に基づく技術的な助言」、つまり地方自治体の職員が、違反した医院を取り締まる際に役立てる目的で作られたものなのです。実際、このガイドラインは厚生労働省医政局長から取り締まりを行う都道府県、保健所、特別区の衛星主管部長宛への通知の別添という位置づけになっており、ガイドラインの最後には都道府県などから医政局総務課宛に違反した医療機関を報告するフォーマットが付いています。

　そんな位置づけの旧医療広告ガイドラインではありますが、違反があれば、医療機関への行政指導や立入調査、是正命令だけでなく、告発や開設取り消しなどの行政処分もできる権限が与えられたため、医療機関にとって無視できるものではないはずでした。ところが、地域における自治体と医師との力関係やルールが複雑すぎて違反の是非を判断することが難しかったことなどから、指導件数は極めて少なく、「何かしらの規則はあるらしいが実際どういうものかはよく知らないし、取り締まりもないので無理して従う必要はな

い」という認識が定着してしまいました。さらに、この旧広告ガイドラインには制定時に想定できなかった大きな欠陥が含まれていたのです。

　旧医療広告ガイドラインが制定されたのは2007年。当時、Windowsは Vistaになり、携帯はドコモのiモードが全盛の時代です。医療機関では、ホームページはあるものの自作しているところも多く、今のような集患ツールではなく、純粋な情報提供の場になっていました。そんな中で制定された旧医療広告ガイドラインですから、ホームページが広告の対象とされなくても不思議なことではありません。

　旧広告ガイドラインにおいてホームページは、患者さんが自ら検索して自発的に閲覧するものであることから、広告として扱われず、情報提供や広報の位置づけと見なされました。つまり、ホームページは**広告規制の対象外**であり、極端に言えば何を書いても問題がなかったのです（ただし、医療法ではなく景品表示法で不当表示に抵触する可能性はありました）。今であれば「看板やチラシは厳しく規制するのに、ホームページには何を書いてもいいなんて広告規制はおかしい！」と誰もが思うでしょうが、当時の時代背景を考えればある程度理解できます。問題は、こういった法規制は一度決まるとなかなか変更することが難しいということです。明らかに今までのあり方が間違っているという証拠があがってこなければ、現状をひっくり返すことは容易ではありません。

　スマホが普及し始め、ホームページを見て来院する患者さんも増え始めたころ、何を書いても広告規制に引っかからないと気づいた一部の医療機関とホームページ制作会社は、故意に虚偽や信頼性の低い情報を織り交ぜたホームページを制作し始めます。特にビフォーアフターで効果を訴えやすく、知り合いに相談しにくい美容医療サービスにおいて、不当な誘引に遭ったという相談件数が増大しました。

2. 消費者委員会の介入により、やっと改正に動き出す

　この事態を重く見た消費者委員会は、2011年12月厚生労働省に「エステ・美容医療サービスに関する消費者問題についての建議」という改善要求を出します。消費者委員会は消費者の利益を守ることを目的として、大学教授や弁護士などの有識者10名以内で構成される内閣府所属の第三者的チェック機関です。この消費者委員会が建議という名の督促状を出し、医療機関のホームページに対する不適切な表示の取り締まりや消費者への説明責任の徹底等を厚生労働省に求めました。

　そうなると厚生労働省も動かざるを得えません。2012年9月に「**医療機関ホームページガイドライン**」が発令され、医療機関のホームページに対する初めてのガイドラインが誕生しました。しかし残念ながら、これで万事解決！　というわけにはいきませんでした。これまでの経緯から「ホームページは患者さんが自ら検索して自発的に閲覧するものである」という考え方が引き継がれ、医療広告ガイドラインとは別物の「関係団体等による自主的な取組を促すもの」として制定されたのです。

　罰則ありの医療広告ガイドラインでさえ、完全に機能しているとは言い難かった状況で、これよりさらに緩いホームページガイドラインで状況が打破できるわけがありません。後から振り返ると、この辺りで医療改革の名のもとに進めてきた規制緩和の潮目が変わってきたわけですが、変化にすぐに対応できないのがお役所というものです。

　案の定、医療機関ホームページガイドラインには明確な罰則規定がないため、ガイドラインに明らかに抵触している箇所があったとしても、取り締まりを任された自治体は強制力を発揮できませんでした。その結果、モラルの低い医療機関は「地域No.1」といった表現や偽造したビフォーアフター画像をホームページに掲載し続け、さらに新しく流行り始めたリスティング広告（第4章2参照）を活用し、信頼性の低い情報を拡散していったのです。見かねた厚生労働省は2013年に、美容医療サービス等の自由診療に対する

インフォームドコンセントの取り扱いについて方針を出すとともに、旧医療広告ガイドラインを一部改定しました。

　問題となっていたバナー広告やリスティング広告に対して、広告にリンクされたホームページは広告規制の対象になるという改定だったのですが、旧広告ガイドラインをより分かりにくいものにしただけで、なんでもありが平常化した美容医療業界等のホームページが改善される気配は一向にありませんでした。そもそも今閲覧しているホームページに、「リスティング広告経由だから気をつけなきゃ！」と考える患者さんなどいるはずもありません。

　実際、全国消費生活情報ネットワーク・システム「PIO-NET」に寄せられた美容医療サービスに関する相談件数は、2011年の建議時に1558件だったものが、2014年には2602件になり、減少するどころか、むしろ増えてしまいました。

【図表 1-2】美容医療サービスに関する相談件数の推移

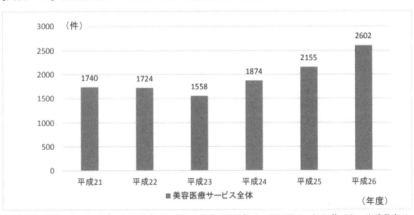

（注）PIO-NETのデータ（データは平成27年5月31日までの登録分。以下同じ。）に基づき、当委員会が作成した。美容医療サービスとは、医療脱毛、脂肪吸引、二重まぶた手術、包茎手術、審美歯科、植毛などの「美容を目的とした医療サービス」を指す。

（出典：平成27年7月7日消費者委員会「美容医療サービスに係るホームページ及び事前説明・同意に関する建議」）

この体たらくに対し、消費者委員会は 2011 年に続き、2015 年 7 月に再度建議を出すに至ります。この 2 回目の建議内容では、医療機関のホームページを「広告」に含め、医療法下で厳しく取り締まることや、医療業界と消費者に広くガイドラインの内容を啓蒙することが提案されました。

　客観的に見ても当然といえば当然の建議ですが、自治体の取り締まり体制がこれまで形骸化していたことから、「これで変わる！」という意識より「結局は変わらない」という声の方が大半であったように思います。

　私は 2011 年頃から医療広告ガイドラインの専門家として、医療機関からご相談を受けていましたが、当時は真面目に対応していると競合医院の後塵を拝すような状況であったことは間違いありません。「正直者が損をする」取り締まり体制に非常に憤りを感じたものです。

　そのような状況を知っているので、未だに「どうせ厚生労働省は本気じゃないのだろうから、対応しなくても大丈夫」という認識の方がいても仕方ないのではないかと思っています。ガイドラインを作りっぱなしで、しっかりと運用してこなかった厚生労働省にこそ責任があると感じます。

　これまでの内容を踏まえ、厚生労働省は 2016 年 3 月から「医療情報の提供内容等のあり方に関する検討会」（以下、**医療情報あり方検討会**と呼びます）を開催し、10 回以上検討を重ねてきました。

　医療情報あり方検討会のこれまでの全ての議事録は厚生労働省のサイトで公表されています。私はこの検討会が未来の医療業界を変え得るものになると感じておりますので、医療関係者は今後是非とも注目してください。

　さて、この医療情報あり方検討会ですが、2016 年中に 4 回開催したところで、一旦「医療機関のウェブサイト等の取扱いについて（とりまとめ）」を発表しています。実は、この段階では消費者委員会の提案したホームページを旧広告ガイドラインに含めるという結論ではなく、ウェブサイト（医療機関のホームページだけでなく、企業のポータルサイトや個人のブログなども含むため「ウェブサイト」としましたが、今後は「ホームページ」に統一

します）のみを対象とした罰則規定がある新しいガイドライン、いわばホームページガイドライン2.0を別途作成するという方向性で進んでいました。またガイドラインだけでは実効性が心配だということで、外部委託による**ネットパトロール監視体制**も整えることになりました。

　なぜ消費者委員会からの提案である「ホームページを旧広告ガイドラインに含める」という形にしなかったのでしょうか。

　私は3つの理由があると考えます。

第1に、重要なので何度も繰り返しますが、医療に対する情報提供のあり方として最も大切なのは「患者さんが自ら医院を選択するための判断材料になる情報提供をする」ことです。患者さんが自らインターネットで自由に検索して辿り着くホームページは、その情報提供のあり方として最たるものです。したがって、書ける内容が制限されるポジティブリスト形式（許されるものだけ列記する形式）は好ましくないというわけです。

　第2に、ホームページを広告として扱うことは、後述する広告の定義のロジックを覆すことになり、ホームページ以外の媒体にも影響が出てしまうためです。

　そして第3に、医療情報あり方検討会の議論に厚生労働省が忖度して、ホームページの広告化に踏み切れなかったという点が挙げられます。ホームページの法規制化は医療機関への負担が大きく、医療業界から反対されていました。旧広告ガイドラインと異なるガイドラインにすることで、状況を見ながら取り締まり体制をゆっくり整えるといった狙いがあったのではないでしょうか。

　2016年9月末に取りまとめが発表された後、医療情報あり方検討会は8カ月以上全く開催されないまま、放置されることになります。当時私は新しいガイドラインはいつ発表されるのだろうと、手ぐすね引いて待っていました。というのも、その頃本書を執筆することが決まり、改正ガイドライン解説本をいち早く発売しようと考えていたのです。しかし、2017年6月14日

に公布された「医療法の等の一部を改定する法律」において、なんと「患者さんを誘引する手段は全て広告と扱う」という内容が盛り込まれ、私は愕然としました。

　どういうことかといいますと、これまでホームページガイドラインを改正する方向で進んでいたはずなのに、突然「これからはホームページも広告になります。広告になるので、ホームページも広告ガイドラインのルールに則って作らなければいけなくなります」と発表されたのです。さらに、ゼロから仕切り直しになったにもかかわらず、法の施行は1年後の2018年6月に設定されたのです。

3. ホームページが広告になった経緯はまさにミステリー

　医療情報あり方検討会で取りまとめられた案をまさか覆すとは思ってもいなかったため、この決定にはひっくり返る程驚きました。後々調べてみると、2017年1月18日の第50回社会保障審議会(医療部会)の時点ではまだ新しいガイドライン策定の方向性で進めていることが記録から分かるのですが、4月20日に開催された第51回社会保障審議会(医療部会)において「通常国会の審議を早期に成立させるため、新たに資料を作りました」と厚生労働省が新案を提示しています。詳しい経緯は分かりませんが、この状況から1月20日に始まった通常国会の審議中に、取りまとめ案を変更せざるを得ないなんらかのアクションがあったものだと思われます。

　あくまで推測に過ぎませんが、2016年12月にはDeNAが運用する情報サイト「WELQ(ウェルク)」にて、信頼性に欠ける情報が大量に投稿されていたことがネットを中心に大問題となり、その不適切な情報提供のあり方から関連サイトがすべて閉鎖されるという事件が起きました。これを受け、医療広告も同じ轍を踏まないようにしっかり運用すべきという空気が政府内でも高まった可能性があります。

　なんにせよこの結果、2017年6月7日に通常国会で改正医療法が成立し、

翌週にはホームページが医療広告ガイドラインに組み込まれることが公布されます。しかし、そんな大逆転があったにもかかわらず、次の第5回医療情報あり方検討会が開催されたのはその4カ月後の2017年10月でした。普通に考えれば、当然これまで話し合われてきた取りまとめ案がひっくり返ったことに、構成員一同、異議を唱えるはずなのですが、検討会において以前の取りまとめ案がなぜ採用されなかったかには一切触れられず、暗黙の了解で新しい医療広告ガイドラインについての議論が始まっています。その一方で検討会再開の約1カ月前に、取りまとめ案の一部であったネットパトロール監視事業は予定通り開始されました（第2章4参照）。この不可解な成り行きから、既に検討会のあり方自体が怪しくなってきている訳ですが、まさにここからどんでん返し続きの大活劇が始まります。

　4回目までの取りまとめ案がひっくり返り、8カ月以上の中断を挟み、仕切り直しになった医療情報あり方検討会ですが、再開後から凄まじいペースで検討会が進んでいきます。それもそのはず、なにせ2018年6月1日には改正医療法が施行になるため、それまでに新しい医療広告ガイドラインを作り、国民に意見を求めるパブリックコメントの募集を行い、確定した後、医療業界と自治体に周知しておかなければなりません。これをここからの6カ月で完結させることなど、普通に考えればできるはずがありません。しかも、施行後は抵触しているホームページの取り締まりが始まります。無理な日程で、周知が足りないまま、どこかの自治体で厳しい取り締まりがなされ、大きなニュースになったら、確実に厚生労働省は医療業界から準備期間不足を批判されることになるでしょう。厚生労働省内のバタバタ感は想像を絶するものであったと予想できます。このあまりにも時間が足りない状況が、検討会の混乱を産み、結果として分かりにくい医療広告ガイドラインを誕生させることになります。

　ホームページを組み込んだ新しいガイドライン作りのために検討すべきポイントは次の通りでした。

・広告か否かを判断する「誘引性」の定義を明確にすること
・これまで認められていなかった「客観的事実が証明できない事項」をどう
　扱うか？
・ビフォーアフターの掲載を認めるか否か？
・患者さんの体験談は広告に該当するか？
・新たなルール「限定解除」の概念とその範囲

　これらは一見、バラバラの問題に見えますが、実は同じ根本から生じています。ホームページを旧医療広告ガイドラインに組み込む過程で、ルールの根本となる広告の定義に無理が生じ、辻褄合わせのために特例を設けたことです。この「限定解除」という特例を作る道のりで、ホームページの行き過ぎた表現を戒めるという目的で始まったルール改正は、いつしか広告媒体全てを巻き込み、医療の未来を変えるガイドラインに変貌することになったのです。

　「そもそも何をもって広告と判断するのか？」という問題は医療広告ガイドラインを語る上で最も重要であり、なぜ今のガイドラインが分かりにくいのかを深く理解するための鍵になります。実はこれまで長々と歴史を語ってきたのも、全てはこの広告の定義を理解してもらうためだったといっても過言ではありません。

　看板、チラシ、TVCM、書籍、病院ホームページに、医療情報サイト、各種SNS等、現在社会には医院に関する情報が様々な媒体に溢れていますが、果たしてどこまでが情報提供で、どこからが広告に当たるのでしょう？これまでの旧広告ガイドラインにおいては、以下の3つの要件をすべて満たす媒体を広告として取り扱っていました。

　①特定性：医療を提供する者の氏名や医院の名称が特定可能であること
　②誘引性：利益を求めて、患者さんを誘引する意図があること
　③認知性：不特定多数の一般人が認知できる状態にあること

　来院する意志がまだない不特定多数の人を来院させる目的で作られた、医院名などが記載してある情報媒体を「広告」と判断しました。看板やチラシ、TVCM、書籍、サイトに SNS など全部広告に該当すると思われるかもしれません。しかし例えば、医院のスタッフ募集のチラシは、患者さんを誘引する目的で作られていないため、広告に該当しませんし、病院名や医師の名前が記載されていないガンの治療法が紹介されたサイトは特定性がないため、広告に該当しません。そして、医療機関の情報を得ようとする人が、自分の意志で自ら検索しなければ辿りつけないホームページは、認知性がないため、広告に該当しないと判断されました。

　この広告の３要件と呼ばれる定義の存在が、ホームページは広告に該当しないというロジックの根本であり、ホームページを医療広告ガイドラインに組み入れることは難しいと考えられていた理由です。

　また、③の認知性の条件は、ホームページだけに該当するわけではなく、患者さんに了承を得て発送するパンフレットやメルマガ、院内に掲示した資料などが広告として扱われない根拠にもなっていました。

　つまり、認知性の要件を削除すると、ルールの根本となる広告の定義を変えることになり、広告全体へ影響が及ぶわけです。だから厚生労働省は、ホームページを広告に組み込むことに長らく難色を示し続け、当時私も「この認知性の問題がある限り無理なんじゃないか」と思っていました。

　しかし、この難問は前述した国会の審議を通す過程であっさり解決されます。法改正によって広告の３要件から認知性は削除され、広告の定義は下記の２要件を満たすものに改正されました。

①特定性：医療を提供する者の氏名や医院の名称が特定可能であること
②誘引性：利益を求めて、患者さんを誘引する意図があること

これで、晴れてホームページは広告に該当するという根拠が成立しました。もちろんこれでおしまいではありません。医院のホームページが広告に該当するなら、患者さんが書いた個人ブログや、病院が検索できる医療ポータル、Facebook などの SNS といったウェブサイトはどうなのか、という問題が当然起こります。ここで判断の基準とするのは、残り２つとなった要件である特定性と誘引性です。特定性は氏名や医院の名称なので簡単に判別できますが、誘引性はどうでしょう？　何をもって誘引性があると判断するかを再度話し合う必要が生じました。

　「誘引性は旧広告ガイドラインからありましたよね？　なぜ今さら話し合う必要があるのですか？」と疑問に感じた方もおられることでしょう。

　こうした疑問はもっともです。たしかに誘引性は以前から要件の一つでしたが、実はこれまであまり厳密に扱われていませんでした。何をもって患者さんを誘引する意図があったと判断するのかという基準は非常に曖昧だと皆が分かっていたのですが、これまで掘り下げる必要がなかったため、保留されてきたのです。

　なぜそれで済んでいたのかというと、原因は２つあります。
１つ目は、これまで医療広告ガイドラインの取り締まりが自治体の職員に委ねられており、ほとんどの地域で厳密な取り締まりが行われていなかったことです。医療機関側も指摘されたら事が大きくなる前に是正していました。

　２つ目は、広告を制作する側も基準が曖昧な誘引性に着目せず、対策を立てやすい認知性に的を絞っていたことが挙げられます。例えば会員制サイトを作ったり、パスワードをかけて不特定多数の患者さんが見られないようにしたりすることで認知性を外し、医療広告規制対策を講じていたのです。

　つまりそれまでは誰も誘引性の定義を厳密に考える必要性がなかったのです。しかし、法改正により認知性が削除されたため、広告に該当するかを判断する基準は誘引性しかなくなってしまいました。ここに図らずも誘引性の定義を明確化する必要性が生じたのです。

4. 「制限から緩和に」新医療広告ガイドラインが誕生

　新しいガイドラインを決めなければならない医療情報あり方検討会の話に戻ります。

　最初に解決しなければならない問題は、ホームページを医療広告ガイドラインに組み込むということは、他の広告媒体と同様に記載内容が厳しく制限されることになるということです。ホームページに期待される役割は、患者さん自身が自ら治療方法を選択するための情報提供をすることですが、その意図から遠く離れてしまうことになります。今後は患者さんがホームページを調べても満足できる情報が得られず、病院を選べなくなるおそれがあります。それは国民の誰も望まないでしょう。

　そこで、条件を満たしたホームページはこの制限を解除できるという「限定解除」という特例を作ることになりました。そうなると限定解除によってどこまで情報提供することを認めるべきかが課題になります。

　お気づきでしょうか？　そうです。ホームページが医療広告ガイドラインの中に組み込まれたことで、どこまで制限するかという議論から、いつの間にかどこまで緩和しようかという議論にひっくり返っていたのです。

　限定解除の特例として、緩和の要になったのが「客観的事実が証明できない事項」でした。これは特定の治療による死亡率や術後生存率、「○％の満足度」といった治療効果の記載や「美味しい病院食を提供します」といった主観的な主張までを含んだ、100％保証できない内容を指します。こうした内容は旧広告ガイドラインではもちろんのこと、旧ホームページガイドラインにおいても、記述が禁止されていました。しかし、緩和の空気が漂う話し合いの過程であっさり省令から削除となり、最終的には根拠となるデータが存在し、虚偽・誇大にあたらない内容であれば記載可能になりました。

　この改正は、ガイドラインの中で大きな意味を持ちます。なぜなら、ホームページ表現の幅を大きく拡げる要因となったからです。例えばビフォーアフターの記載も広義の意味ではこの「客観的事実が証明できない事項」に含

まれており、効果の記載が禁止されているため、ビフォーアフターも禁止というロジックの元になっていました。その根本の効果の記載が許可されたわけです。

　こういった点から外堀が埋まりつつあったものの、ビフォーアフターに関しては、かなり強引に議論が進みました。そもそもガイドライン改正の発端となったのが美容医療のホームページにおける行き過ぎたビフォーアフターを是正することにあったため、初めは当然禁止する方向で議論が進んでいました。しかし厚生労働省がビフォーアフターには誘引性があるので禁止するというロジックを展開したことから、「現状の誘引性は曖昧である」という議論に発展し、「ビフォーアフターは医療機関が行うべき情報提供の一部であり、国民の知る権利に当たるのではないか」という意見に押される形で、再開から1カ月も経たないうちに開かれた2回目の第7回検討会で解禁になりました。厚生労働省の変わり身の早さに不満を述べる審議官もいましたが、なにせ時間がないのでどんどん進んでいきます。

　その後も、限定解除という特例の名の下に、「専門医」、「雑誌で紹介された旨」、「医薬品販売名」、「研修の経歴」など、旧広告ガイドラインでは記載することができなかった多くの情報が記載可能になり、再開からわずか2カ月たらずの11月29日には新しい医療広告ガイドラインの案が発表になります。

　さらに12月13日〜1月11日という年末年始を挟んで、パブリックコメントの募集が行われました。なお、パブリックコメント募集の直前にGoogleが前代未聞の規模で医療・健康関連領域のアルゴリズム変更を行っており、医療健康サイトの実に60%がこの影響を受け大きく順位変動しました。そういった医療Web業界が大混乱状態の中、年明けに開催された第8回医療情報あり方検討会にて、再度どんでん返しが起こります。

　この回は年末に行われたパブリックコメントについて協議する予定になっていましたが、突如審議官の1人が既に完全禁止の方向で進んでいた体験談について疑義を申し立てたため、体験談について話し合う回になりました。その結果、「治療内容と効果に関係しない体験談については誘引性があると

は言えないので、認めてもいいのではないか」という意見に押される形で、そのまま体験談も部分的に認められることになりました。

　ここでパブリックコメント（通称「パブコメ」）について補足しておきます。パブコメとは、

「国の行政機関は、政策を実施していくうえで、さまざまな政令や省令などを定めます。これら政令や省令等を決めようとする際に、あらかじめその案を公表し、広く国民の皆様から意見、情報を募集する手続が、パブリックコメント制度（意見公募手続）です。」（引用：電子政府の総合窓口（e-Gov）におけるパブリックコメントの説明）

　パブリックコメントは一般的に1カ月の期間を設けて募集されますが、この時は年末年始を挟んでの実施となりました。この時のパブコメは新しい省令（案）、告示（案）、医療広告ガイドライン（案）と3つ同時に募集され、省令に対しては11件、告示に対しては2件の意見があった中、ガイドラインについては65件もの意見が寄せられました。こっそりやったにもかかわらず、多くの反響があり、厚生労働省もびっくりしたのではないでしょうか。

　私も、ビフォーアフターや限定解除の範囲、体験談などについて、計7項目の質問を投稿し、うち2件がガイドラインの修正に採用されました。これまで医療広告ガイドラインの専門家としてやってきた成果が少し報われたようで嬉しかったことを覚えています。

　ビフォーアフターや体験談の一部解禁が盛り込まれた新しい医療広告ガイドラインが、2018年のGW明けに発表されました。施行は予定通り6月1日であり、新しい省令と告示も同時に通知されました。つい数カ月前の検討会では、旧広告ガイドラインの名称をそのまま使うと言っていたのですが、ホームページガイドラインと合体させたこともあってか、「医業若しくは歯科医業又は病院若しくは診療所に関する広告等に関する指針（医療広告ガイドライン）等について」（医政発0508第1号）」と名称が改められました。

公式にも「新広告 GL」と表記していることから、本書では「新医療広告ガイドライン」と記載します。

　6月1日の施行日を前にして、前日の5月31日に第9回の医療情報あり方検討会が開催されます。事前アナウンスでは検討する内容はネットパトロール事業についてとのことでしたが、この最後の最後にずっと不明確だった限定解除の範囲が明確化されることになります。その結果、診療科目、専門外来、死亡率・術後生存率、そして未承認薬による治療内容について、限定解除が可能であることが明らかになりました。なお、未承認薬による治療については、「医業若しくは歯科医業又病院若しくは診療所に関する広告等に関する指針（医療広告ガイドライン）に関する Q&A について（以下、ガイドライン Q&A）」で再度記載条件が明確化されます。

　このように最後までサプライズを繰り返しながら、6月1日の施行を迎えることになったため、医療機関はもちろんのこと、多くのメディアで変更前のガイドライン案を元にした誤報が飛び交いました。またこういった経緯を知らないまま、古い記事を参照して間違った認識をしてしまうケースも多発しました。実際、今でも限定解除を正しく理解しておらず、その範囲が誤っている記事を見かけます。今後、ネットパトロール事業に寄せられた通報事例を集めた医療広告違反事例集が発表されるとのことですが、ここでまた新たなルールが発表される可能性もあり得ます。新しいルールをいち早くキャッチアップすることは、リスクを回避するだけなく、広告の訴求力を高める新たなチャンスになります。医療 Web 業界における一大イベント、新医療広告ガイドラインからまだまだ目が離せません。

第2章

読み始める前に
ガイドラインの急所を押さえる

1. 理解が進むガイドラインの賢い読み方

　いよいよガイドライン本文の解説に入っていきますが、まずは、ガイドラインの読み方について述べたいと思います。新医療広告ガイドラインは全部で 37 ページしかありません。しかし、公文書特有の難解な言葉で書かれており、スムーズに読み解くにはコツが必要です。本書ではガイドラインの内容を重要度から 4 つに分類しました。必ず押さえておかないといけない部分と読み流す程度で構わない部分があることを予め知っておくことで理解に要する時間を大幅に短縮できます。

　重要度に応じてガイドラインの目次を以下の 4 つに分類したのが【図表2-1】です。
A 枠：前提条件（原理原則や規制対象、指導フローなど）が書かれている
B 枠：記載が許されていない事項が書かれている
C 枠：医療法に基づいて、記載可能な事項が書かれている
D 枠：記載が許されていない事項の一部を記載可能にする条件が書かれている

　医療広告ガイドラインにおいて、最も重要で読者が知りたいことは「何を書いてはいけないのか？」だと思います。つまり、最低限 B 枠さえ理解できれば、ガイドラインに抵触することはありません。時間が無い方は第 3 章から始まる B 枠の解説から読むのもいいかもしれません。しかし、A 枠の内容である広告規制の原理原則や規制の対象、違反のリスクを把握しておくことで、B 枠に臨む姿勢が大きく変わり、理解が深まるはずです。
　一方、C 枠は広告に記載が可能な事項が書いてあります。第 1 章で紹介した通り、医療広告はもともと記載可能な事項が定められているポジティブリスト形式でした。つまりこの C 枠は広告規制で最も古くから存在する部分であり、医療法第 6 条の 5 第 3 項に基づいて書かれています。そういった意味では医療広告ガイドラインの歴史を語る上で外せない箇所にはなります

【図表2-1】新医療広告ガイドライン目次4分類

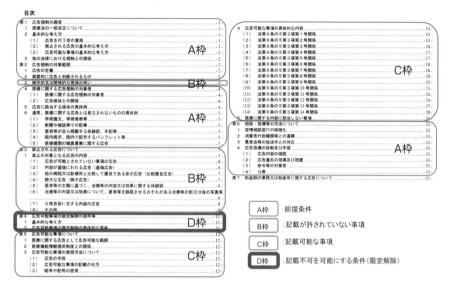

(出典：医業若しくは歯科医業又は病院若しくは診療所に関する広告等に関する指針
(医療広告ガイドライン))

が、実務的な重要度合は高くありません。広告は書いていいことを元に作るのではなく、いかにPRするかを考えて書くからです。PR上重要なことは言われなくても書くでしょう。ただし、C枠には書いていいことに混ざって、書いてはいけないことも併記されている箇所がいくつかあるため、一度目を通しておくことをお勧めします。

　最後に限定解除について書かれているD枠ですが、これが改正ガイドラインの肝であり、またガイドラインを最も分かりにくくしている原因になっている部分です。リスク回避という目的だけならば、B枠を理解するだけで十分ですが、ガイドラインを活用して他院より一歩先んじるには、D枠の理解が必須となります。ちなみにC枠に混ざっている「書いてはいけないこと」もD枠の条件を満たすことで、書けるようになります。D枠はガイドライン本文を読んだだけでは全てを理解できない内容となっており、間違った解釈

を生む原因となっています。せっかく本書を手に取っていただいた皆様には、是非D枠を十分に理解してもらい、ガイドラインをリスク回避のためだけではなく、集患に繋げるために活用していただきたいと願っております。

　ガイドラインの原文は公文書特有の独特な言い回しにより、非常に読みにくく感じると思います。しかし、実は表現が分かりにくいだけで理解しておくべき箇所はそんなに多くありません。サイトを管理する担当者でなければ、時間をかけて全ての記載内容を把握する必要もないでしょう。特に前述したC枠などは、優先順位が低いと考えています。ホームページを始めとする広告媒体には、書いていいことを書いておくものではなく、**患者さんにどうしても伝えたいことや、伝えておくべきことだけを書くものです**。患者さんに必要が無いと思われる情報を無理して書いても、結局伝わりませんし意味がありません。

　こういった考えから本書では、C枠に関してほとんど触れない選択をしました。率先垂範の意を籠めるとともに、C枠の情報で皆様の脳内メモリを埋めるよりも、もっとお伝えしたい情報があると判断したからです。同様の理由から、本書では重要でないと思われる箇所は解説を割愛しているため、全体像を一度確認しておきたいという方はガイドラインの原文をご参照ください。

　新医療広告ガイドラインを重要度が高い順に並べると以下のようになります。

重要度No.1　書ける範囲が大きく拡がるD枠「限定解除」を理解する。

重要度No.2　記載することができない事項B枠をざっくり知っておく

重要度No.3　記載の判断に迷ったらA枠の原理原則に立ち戻る

　繰り返しになりますが、改正ガイドラインの中で最も重要で最も分かりにくい事項が、D枠の第3章1「限定解除」とその範囲（第3章2）です。この限定解除が理解できたら、新医療広告ガイドラインは7割方理解できたといえます。残りの内の2割は、重要度No.2の知識として知っておくべき内容になりますが、ここも限定解除によって、記載可否が変わる箇所があるた

め、まずは限定解除の考え方を理解することが肝要です。そして最後の1割が次の章で解説する「医療広告の原理原則」です。全体像が理解できたとしても、日々の実務で記載可否に迷う場面があると思います。そんなときは、この原理原則を振り返りましょう。きっと解決の糸口が見つかるはずです。

2. 全ての判断の基になる医療広告の原理原則

それではガイドラインのA枠で押さえておくべき医療広告の原理原則から解説を始めましょう。つい何が書けるのか、何が書けないのか、といった具体的な内容や例示を覚えることに注力してしまいがちですが、ルールの基本的な考え方を理解することは応用力をつける意味でも非常に重要です。ガイドラインの例示は少々大げさな表現になっており、例示を丸暗記しただけでは応用が利かず、実務には役に立たない場合も多いので、なぜこの規制があるのかという背景を理解しましょう。

広告規制の原理原則は、ガイドラインの最初に医療広告の「基本的な考え方」として記載されていますが、恐らく大多数の人が「ふ〜ん」と読み飛ばすと思います。なぜなら、ガイドラインを読み始めたばかりの方は基本的な考え方がどのルールに繋がっているのかイメージできず、何が大事なのか分からないためです。しかし、本書の第1章で改正の経緯を知った読者であれば、基本的な考え方がこれまでの広告規制の流れを汲んだものであることを理解していただけることでしょう。

ここに書かれていることは医療広告全体の原理原則となる最も重要な考え方になるため、本書を全て読み終わった後に、もう一度読んで、再発見をして欲しい箇所です。

<u>医療広告の原理原則（基本的な考え方）</u>
①医療は人の生命・身体に関わるサービスであり、不当な広告により受け手側が誘引され、不適当なサービスを受けた場合の被害は、他の分野に比べ著しいこと。

②医療は極めて専門性の高いサービスであり、広告の受け手はその文言から提供される実際のサービスの質について事前に判断することが非常に困難であること。

　上記にあるガイドラインの原理原則から、医療広告を行う者はその責務として、「患者や地域住民等が広告内容を適切に理解し、治療等の選択に資するよう、客観的で正確な情報の伝達に努めなければならない。」と定められています。さらに、特定の広告を禁止する理由として、「患者等に著しく事実に相違する情報を与えること等により、適切な受診機会を喪失したり、不適切な医療を受けるおそれがある」ことが挙げられています。

　ガイドラインの表現は、すんなり頭に入らないと思いますが、医療サービスは専門性が高く、場合によって健康被害が生じる可能性があるため、広告にはある程度の制限が必要であること。そして、医療広告は患者さんが自分で受診機会を選べるよう客観的で正確な内容になっていなければならない。逆に、患者さんを誤認させて、適切な受診機会を喪失させ（これを「消極的弊害」と言います）、不適切な医療を受けさせる可能性がある広告はしてはならないということです。この考え方は医療広告の原理原則になっている非常に重要なもので、医療広告ガイドラインの全体にわたり、何度も繰り返し述べられています。

　医療広告ガイドラインに違反していないかどうかは、原理原則を踏まえ、以下の4つのキーワードを意識することで判断しやすくなります。

① 「誤認させない」：患者さんが誤解するような表現になっていないか？
② 「受診機会を喪失させない（消極的弊害）」：患者さんの自由意志に影響を与えていないか？
③ 「客観的」：詳細を尋ねられたときに実証できるデータが手元にあるか？
④ 「正確」：数字を大まかに記載していないか？

　これらのキーワードを意識すると、この後解説する具体的な禁止表現がな

ぜ禁止なのかが自然と理解できることでしょう。さらにこれらのキーワード
は、本ガイドラインで最も理解が困難な、D枠の「限定解除」を理解する上
でも大いに役立ちます。

　なお、「人を誤認させる」ということは、「一般人が広告内容から認識する「印
象」や「期待感」と実際の内容に相違があることを常識的判断として言えれ
ば足り、誤認することを証明したり、実際に誤認したという結果までは必要
としないこと。」とガイドラインには記述されており、サイトを閲覧した人々
が「こんな書き方では間違えて当然」と普通に感じる表現は、その結果実害
が生じたかどうかにかかわらず、人を誤認させたと判断されます。

3. 広告規制の対象になる媒体を見極める

　広告規制の原理原則に続くA枠前提条件として、広告の対象媒体を整理
します。新医療広告ガイドラインでは、これまでの旧医療広告ガイドライン
の対象であった「チラシ・パンフレット・DM等の紙媒体」、「ポスター・看
板・バス広告等の掲示物」、「TV・ラジオ・交通機関アナウンス等の放送」、「書
籍・新聞・雑誌広告等の書店販売物」、「バナー広告、リスティング広告など
のインターネット広告媒体と、リスティング広告にリンクされたホームペー
ジ」に加え、これまで広告対象外とされていた「広告を行っていないホーム
ページ、医療機関の運営するWebサイト全般」、「資料請求に応じて送付す
るパンフレット」、「メルマガ」が新しく加わりました。

　さらに、旧広告ガイドライン制定時にはまだ一般的になっていなかった比
較的新しい広告手法である「アフェリエイターの記事」、「口コミサイト・ポー
タルサイト」、「(医療機関が運営する)FacebookやTwitter、Instagram等
のSNS」も広告の対象になります。その一方で、「学術論文、学会発表」、「公
に発表されているDPCデータの内容」、「(金銭支払いのない)新聞、雑誌
の記事」、「患者さんが勝手に書いた体験談、手記、SNS、ブログ」、「院内掲
示、院内で配布する資料、パンフレット」、「スタッフ募集広告」といった媒

体は広告ガイドラインの対象外とされています。

　新聞・雑誌やパンフレットはガイドラインの対象と対象外のどちらにも挙がっています。これでは「結局どっちなの？」と感じた方がいても不思議ではありません。媒体によっては置かれている状況で、広告対象と扱われたり、扱われなかったりします。つまり、広告に該当するかの判断は、どんな媒体かで決まるのではなく、条件を満たすかどうかで決まるということです。条件を理解していれば、ガイドラインに挙がっていない媒体（例えば医院の前に置かれたサイネージ（電子掲示板）など）であっても、自身で答えを出せるようになるでしょう。

　旧広告ガイドラインは、下記の３つの要件をすべて満たす情報媒体を広告と定義しました。

①特定性：医療を提供する者の氏名や医院の名称が特定可能であること
②誘引性：利益を求めて、患者さんを誘引する意図があること
③認知性：不特定多数の一般人が認知できる状態にあること

　このルールでは、来院する意志がまだない不特定多数の人を来院させる目的で作られた、医院名などが記載してある情報媒体を広告と判断していました。よって、医療機関の情報を得ようとする人が、自分の意志で自ら検索しなければ辿りつけないホームページは、③認知性がないために広告に該当しないと判断されました。これが今までホームページが広告に該当しなかった理由です。同様に、自分の意志で登録するメールマガジンや、資料請求の求めに応じて送付するパンフレットなども③認知性がないために、広告の対象外とされてきました。

　旧ガイドライン時代の医療広告業界では、もし広告ガイドラインの対象にならないようにするため、③認知性の条件を外す方法を講じるのが常套手段になっていました。例えば、会員専用サイトを作り、登録して貰った方にのみ詳しい情報を案内するといった方法が使われていました。

　しかし、ホームページを広告に組み込むため、3要件から③認知性が外され、①特定性と②誘引性のみで広告と判断されることになりました。医療法には「広告その他の医療を受けるものを誘引するための手段としての表示」は全て広告であると記載され、不特定多数への広告かどうかを問わず、患者さんを来院させようとする表示（かつ医院が特定できる表示）は全て広告に該当すると定められました。この広告要件の変更により、医院のホームページを始め、条件に合致するWebサイトは全て法律上広告になったわけです。

【図表2-2】広告対象の拡大

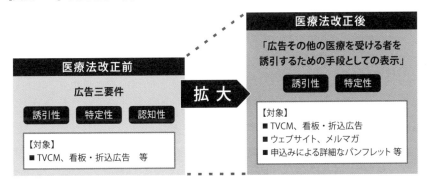

（出典：第5回医療情報あり方検討会　資料2元に作成）

　ただそうしてしまうことで、およそ広告とは判断しづらいメルマガや資料請求の求めに応じて送付するパンフレットも広告に該当してしまうことになります。この問題があるため、当時の③認知性を削除するという案が持ち上がった時、私はいくらなんでもこの3要件を変えるということはしないだろうと思っていました。しかし、改正の施行日が迫る中、問題となっていたホームページを広告に含めるためには、シンプルに③認知性を削除するという方法しかなかったのかもしれません。他の媒体へ影響するのは分かっているけども、こうする他はなかったというのが、厚生労働省の本音ではないでしょうか。実は③認知性の考え方は、新医療広告ガイドラインにて完全に消失し

たわけではなく、ガイドライン攻略の最も肝となる、「広告可能範囲の限定解除」という部分で再度フォーカスされます。

　要件が変更された結果、要件外しによる広告規制逃れを画策することは、非常に難しくなりました。①特定性を外した媒体では広告とはいえませんし、②誘引性を外そうにも、そもそも誘引性の有無の判断が曖昧で、取り締まり側に決定権がある以上、指摘のリスクから逃れられません。広告規制逃れを考えるより、規制を活用して広告効果を増大させる方向を検討しましょう。

　さて、広告と判断される要件が分かったところで、広告に該当したりしなかったりする新聞や雑誌、パンフレットについて考えてみましょう。広告に該当しない場合の新聞や雑誌はどういうものを指すかというと、記者が純粋に取材して掲載された記事がこれに当たります。逆に、広告に該当する例としては、医療機関がお金を払い、取材してもらった内容が記事になった場合です。これを俗に**記事風広告**と呼び、旧ガイドラインの時から広告として扱われています。ガイドラインに新たに明記されたアフェリエイトに関しても同様です。この場合のアフェリエイトとは、例えばライターに依頼して他のWebサイトに医院や治療法を紹介する記事を書いてもらい、その記事からのリンクで自院のホームページで誘導し、来院予約に結びついた場合に、1予約あたり○円をライターに支払うといったやり方です。アフェリエイトも同じく広告に該当するため、ライターに書いてもらう記事は広告ガイドラインに沿って書かなければなりません。

　なお、「書籍であれば医療広告ガイドラインの対象外なので、何を書いてもいい」といった書籍神話が一部の出版業界に残っていたりしますが、それは全くのでたらめです。「ガイドラインQ&A」 Q1-3において、「最新がん○○療法」や「○○治療最前線」といった書籍や冊子等も、特定の医療機関への誘引性が認められる以上、医療法および医療広告ガイドラインを遵守する必要があると回答されています。加えて、巷で見かける「病院ランキング」のような病院から広告費を集めて作られている冊子や医療ポータルサイトがありますが、こちらは比較広告として明確に医療法違反になります。もしこ

ういった媒体から誘いを受けても乗らないようにしましょう。

　では、パンフレットについてはどうでしょうか。例えば、患者さんが病院のホームページからある治療法に興味を持ち、もっと詳しく知りたいからとお問い合わせフォームから資料請求をしたとしましょう。この場合、DMのように望んでいない方に送りつけたわけではありませんが、ルール上広告に該当するため、送付するパンフレットは広告ガイドラインに則った内容でなければなりません。一方、そのパンフレットを送付せずに、院内で患者さんへ説明するために使用する場合は、ガイドラインの対象外となります。同じく院内掲示するポスターや院内配布する疾患説明のチラシなども対象外になるため、ガイドラインに従う必要はありません。全く同じ内容のパンフレットだとしても、使用する場面によって広告に該当したり該当しなかったりするわけですが、何が違うのでしょうか？

　その違いは使用する目的です。院内で使用され、配布されるパンフレットは、患者さんに来院してもらうことを目的としたものではなく、**患者さんへの情報提供を目的としたもの**です。つまり、既に来院した患者さんに対する情報提供は②誘引性を満たさず、広告に該当しないと判断されます。

　以上のことを理解してもらえると、「医院の前に置かれるサイネージ」は広告かどうかも判断できると思います。院内に置かれたサイネージについては、患者さんへの情報提供となり、広告に該当しません。しかし、医院の前を通る見込み患者さんに向けて置かれたサイネージは、広告に該当し、医療広告ガイドラインに従う必要があります。サイネージの場合、どこに設置するかで、流す内容に制限が生じるということです。

　その他、学会発表、学術論文、公に公表されているDCPデータ、スタッフ募集の広告なども②誘引性を満たさないために、医療広告ガイドラインの対象外となります。同様に患者さんが書いたブログやSNSなども②誘引性がないと判断されますが、こちらは昨今の口コミサービスに対するステルスマーケティング（患者に宣伝と気づかれないように宣伝行為をすること）などの影響から、医院からの依頼を受けて書いた場合やサイト運営者が医院から金

銭を受け取って忖度した場合は②誘引性ありと判断され広告に該当します。

　広告ガイドラインの対象になるかどうか悩んだ時は、原理原則に立ち返り、特定できる情報があるか、患者さんを来院させる目的で作られているかを振り返ってみましょう。

4. 万が一違反を指摘されてしまった場合に備えて

　2018年6月から医療広告ガイドラインを遵守してホームページを運用しなければならなくなりましたが、未だ広告違反によって大きな処分がなされたという例がないため、もう少し様子を見ようと考えている医院も多いのではないでしょうか。しかし、医療法またはその一部である医療広告ガイドラインに従っていないということは、いつ行政処分や刑事訴訟の対象になってもおかしくないリスクを負っていることを忘れてはいけません。最悪の場合、医院の閉鎖処分や6カ月以下の懲役刑になるおそれがある中、ただ面倒だという理由でそのリスクを負い続けるのは非常に危険です。なお、処罰の対象には、医療機関だけでなく、ホームページ制作会社や広告代理店、雑誌社、新聞社、放送局等の広告制作に関わった者も含まれます。広告制作に関わる者は自覚を持ち、医院から依頼された通りに作っただけで、そんなつもりはなかったという言い訳は通用しないことを肝に銘じておくことです。

　この章では、その気がなくても違反してしまった場合、どのような流れで指導を受けることになるのか整理します。処分の流れを知っておくことで、例え指導を受けてしまった場合でも落ち着いて対処することができるでしょう。

　違反に対して指導が入るきっかけは何パターンかありますが、その大部分を占めているのは、患者さんや地域住民等（競合医院含む）による苦情相談です。彼らは広告違反を見つけた場合、医療安全支援センターや国民生活センター、消費生活センターなどに苦情相談を行うか、あるいは医療広告ガイドラインの改正に先立ち始まった、医療等に係るウェブサイトの監視体制強

化事業「医療機関ネットパトロール」（以下、ネットパトロール事業）の通報フォームに書き込むことで、行政に通報することができます。

　ネットパトロール事業は、ガイドラインの改正に先立ち2017年8月に厚生労働省の委託事業として創立されました。受託事業者は一般からの通報だけでなく、事業者自身も違反しているサイトをキーワードで検索し、違反の有無を審査します。違反の疑いありと判断されたサイトについては、医師や弁護士からなる評価委員会にて再審査が行われます。その結果、間違いなく違反していることが確認された場合、サイトを運営する医療機関に対して、「貴医療機関のウェブサイトに関する注意喚起について」といった書類を通して、1カ月以内に是正対応をするように注意喚起します。もし1カ月経っても是正対応がなされない場合は、指導権限を持つ自治体に情報提供を行うことになっています。

　厚生労働省で行われている第13回「医療あり方検討会」において公表された「資料1　医療に関する広告規制について」によると、2018年度のネットパトロール事業で審査対象となった1801サイトのうち、**84.7％（1525件）が一般通報**によるものでした。このうち審査を経て、医療機関に通知されたのが690サイト1191施設で、医療機関が従わなかったため自治体に指導要請を行った件数はわずか68施設でした。残りは通知することで是正対応がなされたかまだ対応中とのことです。

　診療科目別に並べると、歯科が最も多く54％、次いで美容関係が21％、癌関係10％と続いています。母数が多い歯科の通報はこれからも増え続けることでしょう。なお、2019年6月にネットパトロール委託事業者が「一般財団法人日本消費者協会」から「デロイト　トーマツ　コンサルティング合同会社」に変更されたことで、今後より一層のパトロール厳格化が予想されます。

　ネットパトロール委託事業者から情報提供を受けた自治体は3カ月以内に違反した医療機関に指導を行い、ネットパトロール委託事業者に改善の状況

を報告することになっています。そうなると、ネットパトロール委託事業者だけでなく、指導を行う自治体にも医療広告ガイドラインを熟知している人材が必要になります。そこで、住民の医療に関する相談に応え、医療情報の提供を行うといった役割を担う「医療安全支援センター」が実に全国381ヵ所に設置されており、その相談員は1287名（うち専任は174名）いると発表されています（平成27年度10月時点）。加えてこの他に、県職員などからなる医療監視員も10240名（うち専任は271名）任命されており、この数を見ると、決して違反サイトの指導を行うことがマンパワー的に不可能でないことが分かります。むしろ、この実態は厚生労働省がかなり前から違反サイト取り締まりの準備をしてきた証拠であり、今回も形骸化してしまうという可能性はないように感じます。

　ネットパトロール委託事業の通知を無視することはご法度ですが、通知が届いていることに気づかなかったという場合もあるかもしれませんので、念のため広告指導フローを確認しておきましょう。

　自治体において医療監視員が、改めて違反の疑いありと判断した場合、医院に対し任意の調査が行われるとともに、報告書の提出が義務付けられます。ここで違反の誤解が解ければお咎めなしとなりますが、やはりこれは違反であると判断されると、広告の中止あるいは内容の是正といった行政指導を受けることになります。また任意の調査に応じない場合や、弁解説明や提出書類が怪しい場合も報告命令や立入検査といった行政指導が執行されます。

　ほとんどの場合はここで、広告の是正や中止を行うと思われますが、ここでもさらに従わない、あるいは違反広告を繰り返した場合は、中止命令、是正命令といった行政指導を経て公表に至り、最終的には医院の管理者変更、開設取り消し、閉鎖といった極めて重い行政処分と6カ月以下の懲役または30万円以下の罰金等が課されます。ここまで無視するような状況がイメージできませんが、決して無視し続ければ諦めるだろうとは思わないでください。

【図表2-3】広告指導フロー

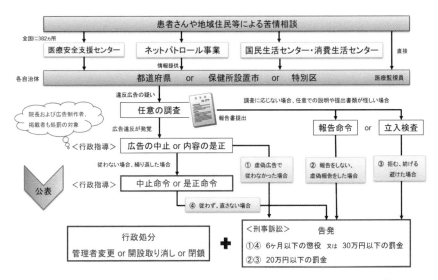

(出典：「医療広告ガイドライン　第6　相談・指導等の方法について」を基に作成)

　一般的にはこうした行政処分までいくことはないと思われますが、自治体が広告違反と判断した段階で、任意の調査や報告書の提出が義務付けられてしまうため業務上の手間が生じます。スタッフの間でも動揺が広がると思いますので、やはり広告についてはしっかりと対応しておくことをお勧めします。

　最後に、自治体間での指導内容の差異を解消させるために、新しい監視体制を構築しようという動きがあることについても触れておきます。これまでも自治体によって、ガイドラインの理解度が異なるということは珍しくありませんでした。場合によってはガイドラインの不明点を自治体に電話で確認しても、全く話が通じないこともありました（私は「限定解除って何？」と逆に質問してくる自治体にも出会ったことがあります）。そのような状況で取り締まりを強化することは、地域間の不公正を生み、リテラシーの格差を増大させることに繋がります。

　そういった問題を解消するため、今後「医療広告協議会（仮）」という組

織が新設される予定です。この会は医薬品において都道府県間での指導内容の差異を解消する役割を担っている全国医薬品等広告監視協議会、いわゆる「六者協※」を真似て作られた仕組みであり、制度運用面の課題の協議や違反広告の共有を行うことが目的です。国、都道府県、医療関係団体、インターネット業界の代表者からメンバーで、自治体から挙がってきた疑義事項について認識のすり合わせを行い、必要に応じて通知等の発出を行いながら解釈・運用の統一を図っていく想定です。

　また以前から運用されているネットパトロール事業で集まったデータを分析し、関連事業者にどういう情報を提供するかなどの見直しを検討します。厚生労働省や自治体、業界団体の認識を統一し、監視指導体制を強化することで、自由診療を行う医院のホームページを適正化し、消費者トラブルの減少を目指すとしています。

※六者協とは：広告監視の事例数や地域的なバランスを勘案し、東京都・大阪府・愛知県・北海道・福岡県と厚生労働省で構成されています。都道府県メンバーは所属する地方厚生局単位で他府県、特別区、保健所設置市等の意見を取りまとめたうえで参加します。業界団体としては、日本OTC医薬品協会、日本一般薬連合会、日本化粧品協会が参加しています。
（第12回「医療情報あり方検討会」資料2「医療広告の監視指導体制強化について」から引用改編）

　このように、ガイドライン違反に対する取り締まりが今後厳しくなることが予想され、医療機関は一刻も早く対応することが求められています。旧広告ガイドラインのように形骸化し、対応した医院が損したと感じない社会になってほしいと思います。

第3章

限定解除を制する者は
新医療広告ガイドラインを
制する

1. 記載不可を可能にする「広告可能事項の限定解除」とは

　ここからは新医療広告ガイドラインの最も重要かつ分かりにくい、記載不可を可能にする限定解除について書かれたD枠の解説に入っていきます。前述の通り、D枠が攻略できれば、ガイドラインの7割は理解できたも同然です。しかし、その重要性は一読しただけでは分かりにくいと感じるはずです。場合によっては、書いてある内容が理解できず読み飛ばしてしまう人もいるかもしれません。本書の読者にはそうならないために、医療広告の歴史やA枠について丁寧に解説してきました。

　ではまず、「限定解除」とは何かを確認しておきます。広告ガイドラインからそのまま抜粋します。

第4 広告可能事項の限定解除の要件等
1 基本的な考え方
法第6条の5第3項の規定により、法又は広告告示により広告が可能とされた事項以外は、広告してはならないこととされているが、同項の規定により、患者が自ら求めて入手する情報については、適切な情報提供が円滑に行われる必要があるとの考え方から、規則第1条の9の2に規定する要件を満たした場合、そうした広告可能事項の限定を解除し、他の事項を広告することができる（以下「広告可能事項の限定解除」という。）。なお、こうした広告可能事項以外の事項についても、法第6条の5第2項及び規則第1条の9に定める広告の内容及び方法の基準に適合するとともに、その内容が虚偽にわたってはならない。

　この原文を読んだだけで「ふむふむ。なるほど」と、すぐに理解できた方は少ないのではないでしょうか。法第何条のどれそれを参照しないと分からないといった点を差し引いても、あまりにも分かりにくい表現になっていま

す。さらに以前から続く医療広告規制のパラダイムを壊すような新しい取り決めであるため、これまで医療広告規制に携わってきた専門家もさぞ混乱されたことでしょう。

　この条文では2つの重要なポイントが含まれています。

　1つは、「条件を満たせば広告可能事項の限定解除が可能になる」ということ。もう1つは、「限定解除の範囲」についてです。特に2つ目の限定解除の範囲については、ガイドラインを読むだけでは正しく理解することができません。

　私も初め信じられずに「本当にいいの?」と厚生労働省に電話確認してしまったほどです。そして、これが事実だと知り唖然としたのですが、案の定、他のメディアも第一報において、間違った解釈をしており、それを信じた医院から多くの問い合わせがありました。

　当初、厚生労働省内でも見解が統一されていなかったと思われる「限定解除の範囲」が公に確定したのは、ガイドライン公布から3カ月後のガイドラインQ&A公開時です。医療広告ガイドラインについてネットで調べると、記事によって解釈が異なっており、どれが正しいか分からないと思います。そういった場合は最新のQ&A公開日以降の記事を見るようにしてください。それでも怪しいと感じたら厚生労働省あるいは地方自治体に直接電話確認することをお勧めします。

　「広告可能事項の限定解除」を理解する上でまず引っかかるのが、そもそも何が限定されているのかということでしょう。ここで思い出していただきたいのが、医療広告規制の原理原則(基本的な考え方)です。

　医療に関する広告は患者保護の観点から、

①医療は人の生命・身体に関わるサービスであり、不当な広告により受け
　手側が誘引され、不適当なサービスを受けた場合の被害は、他の分野に
　比べ著しいこと。

②医療は極めて専門性の高いサービスであり、広告の受け手はその文言か

ら提供される実際のサービスの質について事前に判断することが非常に
困難であること。

この考えに基づき、医療法第6条の5第3項に記載された**14項目以外は、
広告をしてはならない**と定められています。14項目は次のとおりです。

医療法第6条の5第3項　広告可能な事項

①医師又は歯科医師である旨

②診療科名

③名称、電話番号、所在の場所を表示する事項、管理者の氏名

④診療日時、予約診療の有無

⑤法令の規定に基づき一定の医療を担うものとして指定を受けた病院等(例:
　特定機能病院)

⑥地域医療連携推進法人の参加病院等である旨

⑦入院設備の有無、病床種別の数、医師等の従業者の員数、施設、設備に関
　する事項、従業員の人員配置

⑧医師等の医療従事者の氏名、年齢、性別、役職、略歴、厚生労働大臣が定
　めた医師等の専門性に関する資格名

⑨医療相談、医療安全、個人情報の適正な取扱いを確保するための措置、病
　院等の管理、運営に関する事項

⑩紹介可能な他の病院等、保健医療・福祉サービスの名称、施設、設備等の
　共同利用の状況、連携に関する事項

⑪ホームページアドレス、診療録や入院診療計画等の情報提供に関する事項

⑫病院等において提供される医療の内容に関する事項(検査、手術、治療方
　法については、保険診療、評価療養、患者申出療養及び選定療養、分娩、
　また自由診療のうち、保険診療等と同一の検査等、医薬品医療機器等法の
　承認等を得た医薬品等を用いる検査等)

⑬手術、分娩件数、平均入院日数、平均患者数等、医療に関する適切な選択
　に資するものとして厚生労働大臣が定めるもの

⑭その他①〜⑬に準ずるものとして厚生労働大臣が定める事項（健康検査や予防接種の実施、外部監査を受けている旨等）

　医療広告は、これらの認められた事項以外は広告できないポジティブリスト形式になっています。即ち通常は、広告可能事項が限定されているというわけです。

　しかし、医療広告は制限されるべきとする一方で、医療機関のウェブサイト等を厳しく制限してしまうと詳細な診療内容など患者等が求める情報の円滑な提供が妨げられるおそれがあることから、**医療を受ける者による医療に関する適切な選択が阻害されるおそれが少ない場合に限り**、広告可能事項の拡大（限定解除）が認められたのです。

　では、どうしたら患者さんの適切な選択を阻害せずに、円滑な情報提供を行うことができるのでしょうか。ガイドラインでは以下の3つの条件をすべて満たす広告媒体であれば、広告可能事項の限定解除ができると定めています。

広告可能事項の限定解除　3要件
①患者さんが自ら求めて入手する情報である
②問い合わせ先等を明記し、容易に照会ができるようにする
③自由診療の場合は、同ページ内に下記を見える大きさで記載する
　ⅰ）治療名称
　ⅱ）通常必要とされる治療内容
　ⅲ）公的医療保険が適用されない旨
　ⅳ）標準的な費用
　ⅴ）治療期間及び回数
　ⅵ）この治療による主なリスクや副作用
　ⅶ）適切かつ十分な情報を提供する

①患者さんが自ら求めて入手する情報である

　限定解除の第1の要件は、チラシやDM、看板や新聞、TVCMのように、その情報を求めて探していたわけではないのに、見てしまった・見せられた受動的な広告ではなく、自分で知りたいと思い調べないと手に入らない能動的な広告であることです。即ち旧広告ガイドラインにおける「認知性を満たす」媒体であることを示し、例えば自分でGoogleの検索を行い、表示されたページから選んで見たホームページや、ホームページ等で個人情報を入力し資料請求して届くパンフレット、あるいは自分で登録したメルマガなどがこれに該当します。

　ここで注意しなければならないのは、媒体の種類ではなく、媒体を届けるまでの経緯が重要であるということです。例えば、Googleで検索した際に患者さんが意図せず表示されるリスティング広告や、不特定多数に送りつける内覧会のパンフレット、一度名刺交換しただけの相手に断りなく配信するメルマガなどはこの条件に該当しません。

②問い合わせ先等を明記し、容易に照会ができるようにする

　第2の要件は、患者さんが疑問に思った時にすぐに問い合わせができるよう、問い合わせ先としての電話番号やEメールアドレスが明記されていることです。これらはホームページであれば当然記載されていると思いますが、「とても小さくて見つけにくい」とか、「目立ちにくい場所にあって分かりにくい」といった場合には条件を満たしていないと判断されることがありますので、デザイン面にも注意してください。また、電話番号が予約専用になっていて、問い合わせが可能である旨の記載がない場合も要件を満たしていると認められません。

③自由診療の場合は、同ページ内に下記を見える大きさで記載する

　第3の要件は、もし自由診療の治療を実施していないのであれば、考える必要がありません。つまり既に①と②の条件を満たす、保険診療のみしかや

らない医院にとっては何も対処をしなくても、広告可能事項の限定解除がされている状態といえるでしょう。一方、自由診療を行っている医院は、下記の7項目を記載しなければいけません。

　さて7項目を説明する前に、そもそも自由診療は広告して良かったのだろうか？　という疑問にお答えします。少々ややこしいのですが、自由診療に関しては広告できる治療法が限られています。

　先程示した医療法の「⑫自由診療のうち、保険診療等と同一の検査等、医薬品医療機器等法の承認等を得た医薬品等を用いる検査等について」は広告が可能ですが、それ以外の自由診療に関しては、広告することが許されていません。これが、限定解除することで記載可能になります。そのために必要なのが、定められた7項目を治療のページと同ページ内にそれぞれ記載することです。

自由診療の治療を記載する際に併記しなければならない7項目

ⅰ）治療名称

　治療名称が明確に決まっていない場合も、どの治療が自由診療に該当するかを明確にする必要があります。

ⅱ）通常必要とされる治療内容

　その治療において、最低限の治療内容を記載し患者さんに誤認させることが無いように、例えば保険診療で行った場合などと比較するなどして、患者さんが自ら選択するために必要な情報を提示します。

ⅲ）公的医療保険が適用されない旨

　「全額自己負担」、「保険診療は使えません」、「自由診療」といった表現を用い、保険診療でないことを患者さんが誤認しないようにします。

　なお、この条件については広告可能事項の限定解除における必須事項にはなっていませんが、私は追記することをお勧めしています。なぜなら、記載

しようとする自由診療が広告可能であった場合には、「公的医療保険が適用されない旨」と「標準的な費用」を併記する必要があるためです。しかし自由診療ごとに広告可能かどうかをいちいち判断するのが難しいため、どちらの場合も全ての項目を書いておく運用に統一しています。もちろん予め広告可能な自由診療ではないとわかっている場合は、記載する必要がありません。

iv）標準的な費用

　ここでいう標準的な費用とは、該当する医院でその治療を行った際に実際に窓口で負担することになる費用を指しており、その治療と類似した保険診療等の費用を記載することが求められているわけではありません。また別途、麻酔管理料や指導料等がかかる場合やこの治療を行う際に併用されることが通常想定される他の治療法がある場合には、**それらを含めた総額の目安を記**載します。もし患者さんの症状によって費用が異なるという場合は、「5万〜5万5000円」や「約○円程度」という記載でも構いません。

　この標準的な費用の記載をどうするかが、限定解除条件の中で医療機関にとって最も負担を感じる部分ではないかと思いますが、「症例による」というのは医療現場の常識から考えて当然ですので、あまり厳密に考えずある程度の範囲で記載する対応で差し支えありません。

v）治療期間及び回数

　費用同様、患者さんの症状によって異なると思われますが、その治療を行う際にトータルでどれくらいの治療期間を必要とするのか、またどのくらいの来院回数になるのかといった目安を記載します。こちらもある程度の範囲で記載することで差し支えありません。

vi）この治療による主なリスクや副作用

　この治療を受けることによる主なリスクや副作用を思いつく限り全て書きます。患者さんにとっても必要な情報ですが、ここに書いておくことで医師

にとっても自分を守る事に繋がります。臨床試験等のデータが存在するのであれば、引用先とともに記載しておくことで信頼性の高いサイトであると検索エンジンに判断され、SEOの点でも有利に働きます。

vii) 適切かつ十分な情報を提供する

　特に記載するべき内容が無ければ、記載の必要はありませんが、予約が必要な旨や午後診前などの決められた時間にしかできないなど、治療内容には記載しない、特に治療を受ける上で医院特有のルールなどがある場合などに記載しておきましょう。

　これら7項目を各治療ページに記載する際、サイトのデザイン性を損なわず、すべての項目を過不足なく自然に文章の中に盛り込むことができれば、それがベストな方法に間違いありません。しかし、こうした条件が常に漏らさず書いてあるかどうかを確認するのは負担が大きいように思います。そこで、お勧めしているのがこの7項目を自院に合わせてフォーマット化し、自由診療を記載したページに張り付けるという方法です。既にそういう対応をされているホームページもあるかと思いますが、治療法ごとに記載できているか再度確認しておきましょう。

　なお、限定解除に該当する項目をサイト内のボタンやバナーに表示したい場合に、スペースの関係上条件を全て記載することができないことがあるかもしれません。その場合も、原則全ての条件を満たすことが必要になります。ただしボタンやバナーの大きさ、記載内容によっては、リンクされたページに記載することも許される場合があるようです。こういった個別事例は、最終的に自治体の担当者が判断することになっています。

　これが1つ目のポイント「条件を満たせば、記載内容の縛りが外れて、14項目以外のことも書けるようになる」ための方法です。

旧広告ガイドラインにおける広告の３要件から認知性が削除されたことで、ホームページも広告に該当することになりました。そうなると、原理原則に従い広告可能な14項目しか記載できなくなり、「ホームページでの差別化は不可能」という状況に陥る可能性がありました。これを回避するため、ホームページという患者さんへの影響力が大きい媒体（つまり認知性を満たす媒体）においては、条件を満たすことによって、これまで通りある程度まで記載できる救済措置が用意されました。それがこの「広告可能事項の限定解除」です。

2. 限定解除により書ける範囲は一気に拡がる

　続いて、未だに多くの誤解を生んでいる限定解除の２つ目のポイント「限定解除の範囲」について解説します。先に説明した３要件を満たすと、具体的にどんなことが記載できるようになるのでしょうか。

　ポジティブリストにある14項目以外のことも書けるようになるとはいえ、もちろんなんでも書けるという訳ではありません。限定解除しても、医療広告ガイドラインにある「記載が許されないＢ枠」については、限定解除に関係なく記載することができません。Ｂ枠については後ほど詳しく解説するとして、ここでは限定解除することにより記載することができる具体例を紹介します。

<u>限定解除することで記載できることの例</u>
・専門外来（アンチエイジング外来、禁煙外来、糖尿病外来等）
・死亡率、術後生存率、治癒率、治療効果等　※１
・雑誌や新聞で紹介された旨の記載
・広告が認められている自由診療以外の全ての自由診療
・未承認医薬品・機器（海外の医薬品やいわゆる健康食品等）による治療の
　内容　※２

・広く定着していると認められない治療・検査（遺伝子検査、アンチエイジングドック、免疫療法等）
・法令に根拠のない診療科目（審美歯科、インプラント科、女性科等）
・医薬品・医療機器の販売名（商品名）、型式番号（医療行為としての使用または処方に限る）
・厚生労働省に届出がなされていない団体の認定資格（専門医、指導医、認定医等）　※3
・研修の経歴
・医師個人が行った手術件数（過去の勤務医院の実績も含む）　※4　等

※1　ただし、合理的な根拠を示し、客観的に実証できるデータが必要
※2　条件付きで記載が可能。詳細は本章の第3節で説明
※3　活動実態のないものは不可。今後ルールが変更される可能性あり
※4　ただし、客観的に実証できる根拠が必要。期間も併記する

　専門外来や雑誌に紹介された旨、審美歯科、研修の経歴などは、以前から野放しになっていたこともあり、記載してはいけなかったことを初めて知ったという方もおられるのではないでしょうか。逆に、術後生存率や医薬品の販売名などが、限定解除により公式に書けるようになったことに驚かれた方も少なくないでしょう。特に合理的な根拠を示すデータがあれば、治療効果の記載が認められたことは、医療広告規制史上、大変重要な意味を持っています。これまで治療効果の記載禁止のルールに基づき、ビフォーアフターは禁止されていましたが、限定解除という新しいルールの下、ビフォーアフターも解禁されることになりました。
　また医薬品・医療機器の販売名や型番については、限定解除により広告が可能になります（第3章4で後述）。さらに未承認医薬品・医療機器は薬機法において広告が禁止されておりますが、こちらも限定解除によって条件付きで広告できるようになりました。これらの項目は、マスコミや多くのメディアで間違って記載されていることが多く、気を付けたいところです。ちなみ

に Google 広告や Yahoo! プロモーション広告において、医薬品・医療機器の販売名が広告リンク先のサイトに記載されていると、広告審査に通らないことがありますが、その理由が「医療広告ガイドラインに基づく禁止事項に該当しているため」や「日本の法律では許可されません」である場合は正しい認識ではないと抗議すべきでしょう。

　なお、専門医については、これまで厚生労働省に認められていない学会は広告することができないと、認可要件が厳しく決められていたにもかかわらず、限定解除の広告可能事項に組み込まれました。これに関しては、私もこれまでの学会の努力を無碍にするようなルールではないかと厚生労働省に抗議した経緯があるのですが、現在は専門医制度自体を改正する方向で検討会が行われており、新しい制度ができ次第広告要件も改められるのではないかと期待しています。厚生労働省に認められている専門医は、現時点で計89資格あり、厚生労働省のホームページですべて公表されています。逆にここに記載のない専門医については、限定解除しなければ記載できないということになります。また、専門医を記載する場合、単に「○○専門医」と記載するのではなく、「○○学会認定○○専門医」と記載しなければなりません。

　これだけの内容が記載可能になるだけで十分限定解除のメリットは大きいのですが、さらにもう1つ大きなメリットがあります。それは Google 広告や Yahoo! プロモーション広告からリンクした先のサイトも限定解除が可能ということです。

　「え？　リスティング広告は限定解除できないのでは？」という声が聞こえてきそうですが、たしかに、リスティング広告自体の文章や画像は、限定解除の要件①である「患者さんが自ら求めて入手する情報である」という認知性を満たさないため、限定解除できません。しかし、そのリスティング広告にリンクされた先のサイトは、閲覧者が広告を自らの意志でクリックすることによって辿り着いたサイトになるため、要件①を満たし、限定解除が可能になるというロジックです。

　これは旧ガイドラインをよく知っている方ほど間違えやすい改正点です。というのも、旧ガイドラインにおいてリスティング広告が規制化された際、厚生労働省はリンク先のサイトを1冊の本に例えて説明しました。「リスティング広告が本の表紙だとしたら、そこからリンクで辿れるサイトは本のページの一部として考えるため全て広告に該当する」というものです。私はこの考え方が染みついていたため、リスティング広告のリンク先も全て限定解除できないものだと思い込んでおり、ガイドラインQ&Aを見て大変驚きました。

　医療広告ガイドライン自体には、リスティング広告についての記載が全く明確になっておらず、非常に分かりにくいのですが、私は厚生労働省から、以前のロジックは全て廃止して、現在リンク先は限定解除が可能であるという言質を取りましたのでご安心してください。しかし、この部分はQ&Aだけでなく、ガイドラインにしっかり明記すべきでしょう。専門医のルールと併せて、厚生労働省に再検討いただきたいポイントです。

　限定解除という新しい特例により、これまでのポジティブリストの考えが大きく路線変更され、一筋縄ではいかない複雑なガイドラインができ上がりました。これまでよりも遥かに分かりにくくなったのは間違いありませんが、書ける内容が大きく拡がったことも事実です。

　ガイドラインをよく知らなければ、サイトが規制化されて書けることが減ったと感じるでしょうが、実体を知れば知るほどむしろ緩和になったと分かってもらえたことでしょう。苦し紛れの末、取ってつけたように生まれた限定解除ですが、これまで厳密には黒であった表現が、公に白と認められたのは医療業界全体にとって大きな前進であると感じています。

3．未承認薬・機器による治療も記載可能になりました

　今回限定解除というルールが生まれるまで、自由診療は保険診療と同様の治療等しか広告が許されていませんでした。しかし、どんどん新しい治療法

が出てくる中で、時代に合わない部分も出てきました。実際、自由診療の治療法が保険診療による治療と同等でないと明確に判断するためには、専門的な医療知識が不可欠です。そこまで医師に指摘できる自治体職員はどれくらいいることでしょう。

　問題点が指摘されることがほぼないと言っていいルールが存在するという状況は、運用上好ましくありません。私は、自由診療が限定解除の対象になったことで、この問題が解決し、ガイドラインの明確化に大きく寄与したと考えています。

　自由診療の一環として、昨今増えてきているのが、療養の向上を目的したサプリメントの販売や、海外から個人輸入した未承認医薬品・医療機器による治療です。これらも限定解除のルールの下、広告することが可能になったわけですが、やはりエビデンスの低い、いわゆる健康食品や海外から個人輸入した怪しい医薬品・医療機器まで含めて、何でもかんでも広告していいとは言いにくかったのでしょう。そこでガイドライン Q&A において、新たに追加されたのがこの未承認薬・機器による治療を記載するための4要件です。もちろん未承認薬・機器を使用する段階で、自由診療であることは明らかですので、まずは限定解除するための条件を満たしていることが前提条件になります。

未承認薬・機器による治療を記載するための4要件
①未承認薬・機器による治療である旨、あるいは国内承認薬・機器の適応外使用である旨
　国内において薬機法上の承認を得ていないものであることを明示します。

②入手経路の明示
　個人輸入であった場合にはその旨を明記します。また適応外使用の場合は、その入手経路も記載が必要になります。 この際、厚生労働省ホームページ

に掲載された「個人輸入において注意すべき医薬品等について」のページへのリンクを張らなければなりません。

個人輸入において注意すべき医薬品等について
https://www.yakubutsu.mhlw.go.jp/individualimport/healthhazard/

③国内の承認薬・機器の有無

　国内に同一成分や性能を有する他の国内承認薬・機器があるかどうかを記載するとともに、流通管理等の承認条件が課されている場合にはその旨を記載します。

④諸外国による安全性情報

　他国で承認を受けている場合は、各国の添付文書に記載された重大な副作用やその使用状況（承認年月日、使用者数、副作用報告等）を日本語で記載する必要があります。情報がない場合、重大なリスクが明らかになっていない可能性があることを明示します。

　限定解除の条件を満たした上で、未承認薬・機器による治療を紹介しているページ内に、上記4項目を全て記載することが要件になります。対象によっては記載することが非常に厳しい場合もあるでしょう。特に海外の安全性情報を全て記載することは、場合によっては不可能に近いことが予想されます。そして、これまた誰も成否を判断できないルールになってしまっています。せっかく自由診療から曖昧な記載を排除できたのに、この未承認薬・機器において曖昧な部分を残すという運用になったことは大変悔やまれます。しかし、怪しいサプリメントや医薬品・医療機器を摘発する手段を確保しておくことは、患者さん保護のためにやむを得ない処置だったともいえるでしょう。

　ただし、これをガイドライン本文ではなく、ガイドラインQ&Aに記載する運用で済ましていることには疑問が残ります。こんな大事なことはガイド

ライン本文に記載するべきではないでしょうか。その旨を厚生労働省に指摘したところ、「ガイドラインに記載する予定は今のところない」という回答でしたが、今後移す可能性は十分にあると考えています。

4. 限定解除できない最後の砦「NG8」

　ここまでは、ホームページを含む広告に使用できる表現を拡張させる限定解除について解説してきましたが、ここからは限定解除の条件を満たしたとしても書くことのできない表現についてお話します。これらの表現は言うまでもなく、そもそも限定解除ができない認知性のないチラシやTV、リスティング広告などにおいても当然禁止されます。よって、この章で解説する表現は医療に関わる媒体では全て記載できないものとして覚えておくとよいでしょう。

　この禁止表現は主に「記載することが許されないB枠」が中心となりますが、広告ガイドライン上の「禁止の対象となる広告」の1項目目に挙げられている「広告が可能とされていない事項の広告」で紹介されている事例は、限定解除の条件を満たすことで、広告が可能となることに注意しましょう。つまり、B枠全てがイコール限定解除できない広告ではありません。私はこの限定解除の条件を満たしても、記載することのできない表現を知っておくことが非常に重要であると感じるため、本書では限定解除しても記載が許されていない禁止事項を「NG8」と表記し、読者に絶対覚えていただきたいものと位置づけています。

　医療広告はポジティブリスト形式になっていると前述しましたが、その中にはさらに「記載することが許されないB枠」が内在しています。NG8は限定解除により記載可能範囲が拡大した後にも残るいわば最後の砦といえるでしょう（【図表3-1】限定解除できない最後の砦「NG8」参照）。

　この図を思い浮かべ、広告媒体と表現がどこに位置するかを常に意識することが医療広告のテキスト作成のコツです。それでは限定解除できない禁止

項目である NG8 を順番にご紹介しましょう。

【図表 3-1】限定解除できない最後の砦「NG8」

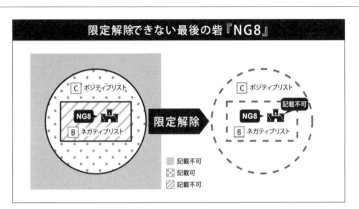

【図表 2-1】新医療広告ガイドライン目次 4 分類　参照
B 枠：記載が許されていない事項
C 枠：医療法に基づき記載可能な事項

医療広告は医療法で定められた 14 項目のポジティブリスト C 枠の中に、記載が許されていないネガティブリスト B 枠を内在する構造になっている。「広告可能事項の限定解除」により C 枠が取り払われ、さらに B 枠の一部も記載可能になるが、それでも記載が許されないのが最後の砦「NG8」である。

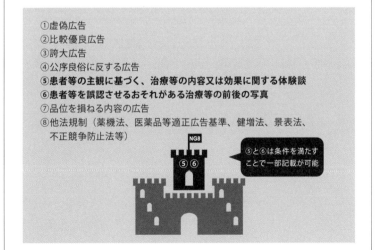

①虚偽広告
②比較優良広告
③誇大広告
④公序良俗に反する広告
⑤患者等の主観に基づく、治療等の内容又は効果に関する体験談
⑥患者等を誤認させるおそれがある治療等の前後の写真
⑦品位を損ねる内容の広告
⑧他法規制（薬機法、医薬品等適正広告基準、健増法、景表法、不正競争防止法等）

⑤と⑥は条件を満たすことで一部記載が可能

医療広告に関する全面 NG 8 項目「NG8」

①虚偽広告

　広告内容が虚偽で、事実と異なる情報だった場合、患者さんに適切な受診機会を喪失させ、不適切な医療を受けさせるおそれがあるため、固く禁じられています。基本的には、嘘や絶対などの断定表現、明確な根拠が提示できないデータなどが該当します。

NG 例)

・絶対安全な手術です！

・「どんなに難しい症例でも必ず成功します」

・「アレルギーや副作用はありません」

・「再発がない○○の治療法」

・(針穿刺を伴う治療行為に関し)「感染症の心配はありません」

・「10 分間で 10 歳若返る」

・「当診療所に来れば、どなたでも○○が受けられます」

・「厚生労働省の認可した○○専門医」※

・加工・修正した術前術後の写真等の掲載

・「1 日で全ての治療が終了します」(治療後の定期的な処置等が必要な場合)

・「○%の満足度」(根拠・調査方法の提示がないもの)

・「当院は、○○研究所を併設しています」(研究の実態がないもの)

※専門医の資格認定は、学会が実施するものであり、厚生労働省が認可した資格ではない。

　なお、NG8 の中でも、虚偽広告は特に患者さんへの影響が大きく、健康被害を生じる可能性があるため、罰則つきで禁じられています。具体的には、広告が虚偽である旨が調査あるいは行政指導において発覚した場合、6 カ月以下の懲役または 30 万円以下の罰金、あるいは 20 万円以下の罰金刑となる可能性があります。しかも、院長だけなく広告制作者、掲載者も罰則の対象

となりますので、くれぐれも嘘はつかないようにしましょう。

②比較優良広告

　他の医院と比べ、施設の規模、人員配置、提供する医療の内容等について、自院が他の医療機関よりも優良である旨を広告することは禁止されています。また、たとえ事実であったとしても、「日本一」「No.1」「最高」等の最上級を意味する表現や優秀性について閲覧者に著しく誤認を与えるおそれがある表現も同様に禁じられています。

　一方、「最新の治療法」や「最新の機器」といった客観的な事実を示す表現については記載が可能です。ただし、調査や指導を受けた際に求められれば、その内容について裏付けとなる合理的な根拠を示し、客観的に実証できなければいけません。さらに調査結果等の引用をする場合は、出典、調査の実施主体、調査の範囲、実施時期等を併記する必要があります。

　また、著名人が来院している、推薦を受けているなど関係性を強調して、他院より著しく優れていると誤認を与える表現も比較優良広告に該当し、禁じられています。ただし、著名人が医院の名称を含む、広告可能な内容について説明することは問題ありません。

NG 例)
・「日本一」「No.1」「最高」「最良」「最上」「満足度 No.1」「シェア No.1」等
・「肝臓がんの治療では、日本有数の実績を有する病院です。」
・「当院は県内一の医師数を誇ります。 」
・「国内最高峰の〇〇治療を行うクリニック」
・「当院でしかできない治療」「限られたドクターのみが行える治療」「どこでも受けられる治療ではありません」
・「本グループは全国に展開し、最高の医療を広く国民に提供しております。」
・雑誌「日本が誇る 50 病院の一覧」
・「芸能プロダクションと提携しています」

・「著名人も○○医師を推薦しています」「芸能人や医師も通う○○クリニック」
・「著名人も当院で治療を受けております。」「 著名人が来院」「韓国のタレントさんも御用達」

③誇大広告

　必ずしも虚偽ではないが、施設の規模、人員配置、提供する医療の内容等について、事実を不当に誇張して表現したり、人を誤認させる広告を指します。「人を誤認させる」とは、一般人が広告から受ける「印象」や「期待感」と実際の内容に相違があると常識的に判断されれば認められます。取り締まる側は誤認してしまうことを証明することや、実際に誤認した結果を用意する必要はありません。よって、脅すわけではありませんが広告を取り締まる側のさじ加減により適用されるおそれもあるため、疑われるような記載は慎みましょう。

NG例)
・「最先端」「最適」「プチ〜」「比較的安全な手術です。」
・「こんな症状が出ていれば命に関わりますので、今すぐ受診してください」（科学的根拠が乏しい情報であるにもかかわらず、手術や処置の効果・有効性を強調したもの）
・「○○の症状のある2人に1人が○○のリスクがあります」
・「○○センター」※1
・知事の許可を取得した病院です！（病院の開設には全て知事の許可が必要であり、強調すべきではない）
・医師数○名（○年○月現在）（以前の情報を更新しないままでいる場合）
・（美容外科の自由診療で）顔面の○○術1カ所○○円　（ただし、5カ所以上　と裏条件がある場合）
・「○○学会認定医」「○○協会認定施設」（活動実態のない団体による認定）
・「学会会員」（役員や役職付きであれば名簿を公表することでOK）

・「専門医（のみ）」（専門医を記載する場合は「○○学会認定○○専門医」とする）
・「www.gannkieru.ne.jp」「nolhospi@xxx.or.jp」（URL から推測できるもの）
・病人が回復して元気になる姿のイラスト
・撮影条件や被写体の状態を変えるなどして撮影した写真等で、手術や処置の効果・有効性を強調したもの
・伝聞や科学的根拠に乏しい情報の引用
・医療広告ガイドラインを遵守している旨の過度な協調　※2

※1　歯科によく見られる「インプラントセンター」などの名称は、国や自治体に認められた基幹病院にしか許されておらず、勝手に名乗る場合、誇大広告に該当します。ただし、院内にそういった役割を担う部門があり、患者さん向けに院内掲示しているものをそのまま掲載している場合は問題ありません。

※2　医療広告ガイドラインを遵守していることは、当たり前のことであり、特段強調すべきことではないため、過度な記載をすることは誇大広告に該当するという見解がガイドライン Q&A で述べられています。同様の理由で、遵守の証として厚生労働省のシンボルマークなどを掲載することも禁じられています。

④公序良俗に反する広告

　わいせつもしくは残虐な図画や映像、または差別的な表現を用いた広告は、公序良俗に反する内容の広告として、禁止されています。

⑤患者等の主観に基づく、治療等の内容又は効果に関する体験談
⑥患者等を誤認させるおそれがある治療等の前後の写真

　この2つについては、条件を満たすことで一部記載が可能になります。⑤の体験談につきましては、次々節の第3章6にて、⑥のビフォーアフターにつきましては、次節の第3章5で詳しく解説します。

⑦品位を損ねる内容の広告

　医療に関する広告は、患者さんや地域住民等が広告内容を適切に理解し、

自ら治療を選択できるように客観的で正確な情報の伝達に努めなければいけません。そのため、医療機関や医療の内容について品位を損ねる、あるいはそのおそれがある広告は行ってはならないとされています。

　具体的には、キャンペーンなどによって「今やればお得」と思わせることや、医療と直接関係ない物品をプレゼントすることで、**患者さんの治療選択の意思を惑わすような表現**は広告規制の原理原則に照らし合わせ NG ということです。もし、価格による訴求をしたいと考える（そもそもその考えに問題がありますが）場合は、期間限定ではなく継続的にその価格にする「価格変更」の形で表示する必要があります。

NG 例）
・「今なら○円でキャンペーン実施中！」
・「ただいまキャンペーンを実施中」
・「20 周年特別価格」
・「期間限定で○○療法を 50％オフで提供しています」
・「○○ ~~100,000 円~~ 50,000 円」
・「お得プラン」
・「セット割」
・費用を前面に押し出した広告
・「○○治療し放題プラン」
・「無料相談をされた方全員に○○をプレゼント」
・「先着 20 名様に、○○プレゼント」

⑧他法規制　（医薬品医療機器等法、健康増進法、景品表示法、不正競争防止法等）
　他法令に抵触する表現を行わないことは当然として、他法令に関する広告ガイドラインも遵守する必要があります。

ⅰ）医薬品医療機器等法（薬機法）

　医薬品や医療機器、医薬部外品、化粧品、再生医療等製品の広告は、不適正であった場合、国民の保健衛生上、大きな影響を与えるおそれがあるため、薬機法により厳しく規制されています。具体的には薬機法第66〜68条において、次のように定められています。

①何人も医薬品、医薬部外品、化粧品、医療機器、再生医療等製品の名称、製造方法、効能、効果、性能に関して、虚偽または誇大な記事を広告し、記述し、流布してはならない。

②がん等の特殊疾病に使用される医薬品及び再生医療等製品は、おおむね副作用が強いものが多く、高度な専門的知識が要求されるため、医薬関係者以外の一般人を対象に広告してはならない

③承認（認証）前の医薬品、医療機器又は再生医療等製品は広告できない

　なお、違反が発覚した場合には、広告の差し止めとともに、1年以下の懲役もしくは100万円以下の罰金のいずれかあるいは両方が科されます。

ⅱ）医薬品等適正広告基準

　医療法における医療広告ガイドラインの位置付けに似たものとして、薬機法にも「医薬品等適正広告基準」という指導の基準が細かく定められた通知があります。医薬品等適正広告基準では以下が定められています。

・医薬品等の品位の保持
・虚偽、誇大なおそれのある広告の禁止
・医薬品等の過料消費又は乱用助長を促すおそれのある広告の禁止
・**医療用医薬品等の一般向け広告の禁止**
・他社製品の誹謗広告の制限
・医療関係者等の推薦表現の禁止

これらを読むと、薬機法や医薬品等適正広告基準により、医薬品等は広告できないと考えてしまう方が多いと思いますが、決してそうではありません。この謎を解く医療広告ガイドラインの一説を紹介します。

　"医薬品又は医療機器による診断や治療の方法等を広告する際には、医療行為として医薬品等を使用又は処方する旨であれば、医薬品医療機器等法上の広告規制の対象とはならないが、販売又は無償での授与をする旨が記載された広告であれば、医薬品医療機器等法上の広告規制も受けることとなる。"

　つまり、承認済みの医薬品等を使用した治療については、薬機法および医薬品等適正広告基準の対象ではなく、医療法および医療広告ガイドラインの対象であるため、医療広告ガイドラインに則っていれば広告可能であるということです。ただそう考えると、なぜ広告可能であるはずの販売名に関して限定解除が必要になるのかという疑問がわきます。これについて厚生労働省に問い合わせたところ、「販売名に関しては、医療法においても一般向けに広告するのを差し控えるという方向で進めてきたため、限定解除が必要な項目として設定した」とのことでした。なお、医薬品の一般名に関しては、以前から広告可能ですので、もし限定解除が不可能な場合には、一般名で記載する対応にしてください。

iii）健康増進法
　健康増進法では何人も、食品として販売に供するものに関して、健康の保持増進の効果について、著しく事実に相違する（根拠が存在しない、足りない）もしくは誤認させる（印象や期待感にそぐわない）表示を禁止しています。また、ピンポイントで禁止される特定の表現だけでなく、表示内容全体の印象・認識で誇大表示と判断される場合もあります。取り締まり管轄は厚生労働省ではなく、消費者庁になります。そのため、薬機法とダブルで処罰の対象となる場合もあります。

ⅳ）景品表示法　第4章3で詳しく解説します。

ⅴ）不正競争防止法

　不正競争防止法では、不正の目的で役務の質、内容、用途または数量を誤認させる表示が禁止されています。ウェブサイトで虚偽の記載をすると、この規定に抵触して処罰の対象になります。

5. ビフォーアフターは実質解禁

　前節において最後の砦と表現したNG8ですが、実はそのNG8の中にも条件を満たすことで一部記載が可能になる内容があります。それが前節におけるNG8のうち、説明しなかった下記の2項目です。
⑤患者等の主観に基づく、治療等の内容又は効果に関する体験談
⑥治療等の内容又は効果について、患者等を誤認させるおそれがある治療等の前後の写真
　C枠のポジティブリストの中に、B枠のネガティブリストがあり、さらにその中に完全禁止の砦NG8があり、そのNG8のうち2項目は実は完全禁止ではなくて・・・ってどれだけややこしくすれば気が済むのか？　と突っ込みたくなるわけですが、物事が複雑であればある程、それを理解した時の恩恵は大きいものです。いざ最後の砦の奥深くに眠る、ガイドライン対策の宝を掘り起こしましょう。

　まず本節で解説するのは、⑥患者等を誤認させるおそれがある治療等の前後の写真、いわゆるビフォーアフターについてです。結論から先に言ってしまうと、今回のガイドライン改正により条件付きでビフォーアフターが解禁になりました。しかし一口に解禁と言っても、旧ガイドラインからの紆余曲折が盛り込まれている上、限定解除の条件とも被るところがあり、なかなかに分かりにくくなっています。ビフォーアフターが解禁になったことは、最

も大きな緩和要素ではありますが、同時に最も指摘を受けやすいポイントで
もありますので、しっかり理解して自院のサイト制作に活かしてください。
では、ビフォーアフターを深く理解するために、これまでの経緯を振り返り
ましょう。旧医療広告ガイドラインでは、ビフォーアフターは治療効果の記
載の一部であると見なされ、記載することができませんでした。

　しかしホームページに関しては、旧ホームページガイドラインで虚偽・誇
大にあたらないビフォーアフターであれば掲載しても問題ないと解釈できた
こと、リスティング広告をしていないホームページは広告に該当しないこと
から、ビフォーアフターが明確に禁止されていませんでした。

　そういった状況から厳しく規制しにくかったのをいいことに、リスティン
グ広告をしているにもかかわらずビフォーアフターを掲載したり、明らかに
写真の加工修正を行っていたりと、患者さんを誤認させるようなビフォーア
フターの掲載が美容系医院を筆頭に横行しました。その結果、消費者センター
への健康被害の相談件数が増大し、内閣府が再度厚生労働省に是正の建議を
行うに至ったのです。建議を受け、始まった医療情報あり方検討会でも、ビ
フォーアフターをどうするかは最も大きく取り扱われた議題の一つであり、
その結論はガイドラインのありようを決定付けることになりました。

　一見客観的に見れば明らかにおかしい写真でも、こうなりたいという願望
の強い患者さんにとっては、見栄えのいいビフォーアフター写真に心を奪わ
れ、正常な判断ができなくなるおそれがあります。どんな商品でも長所をア
ピールするのは当たり前であり、選択した個人の責任だという考え方もある
かもしれません。しかし医療に関しては患者さんの人生への影響が大きく、
場合によっては安易な判断が大きな健康被害に発展しないとも限りません。
そのため、ある程度ビフォーアフターの掲載を制限する必要があるという意
見は検討会の一同が賛成しました。一方で、整形領域や乳房再建術など実際
にどうなるかを指し示さなければ、患者さんに治療内容を正確に伝えられな
いという医師の主張ももっともなものでした。ビフォーアフターの写真を提

示することで、患者さんは執刀医の手術の腕を判断でき、自ら医院を選択することができるようになります。

　禁止と緩和の議論に揺れる中、突破口になったのは、またしても広告の要件でした。これまでビフォーアフター禁止の根拠となっていた「客観的事実であることを証明できない内容の記載を禁じる」項目が新ガイドラインの制定とともに既に削除することで決まっていたため、やむなく厚生労働省はビフォーアフターを禁止する根拠を「誘引性があるため」と述べました。ここに論理の綻びを見出した緩和派は、今の誘引性の定義が曖昧であるという点から、ビフォーアフターは国民の知る権利に該当するため禁止できないと主張を展開し、結果緩和を勝ち取りました。

　実際に嘘や誇張によって患者さんが誤認するおそれがないのであれば、ビフォーアフターは疾患説明と同様に何ら問題ないわけで、むしろ患者さんが自ら治療を選択する助けになる情報を提示するという意味では、ガイドラインの原理原則に沿っているといえます。ただし認めるにしろ、患者さんを誤認させるリスクのあるビフォーアフターを全てOKとするわけには行きません。そこで規制上では、「治療等の内容又は効果について、患者等を誤認させるおそれがある治療等の前後の写真」と記載し、一定の抑止力を期待する姿勢を示しました。この文言だけを見ると、一見ビフォーアフターが禁止されているように感じますが、全てのビフォーアフターが禁止なのではなく、**「患者等を誤認させるおそれがある」**ビフォーアフターが禁止であるという訳です。

　どういった場合に「患者等を誤認させるおそれがある」と判断されるのでしょうか。患者さんを誤認させるおそれがあるビフォーアフターは、単に写真やイラストのみを表示し、治療内容や費用、副作用やリスクについての説明が不十分であった場合と定義されています。

　禁止対象の場合と、対象外の場合の違いを下記に図示します。

【図表3-2】ビフォーアフター可否の比較

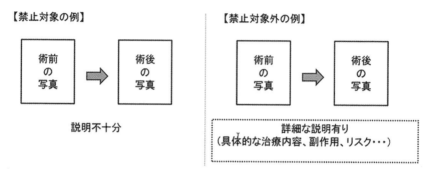

（出典：第7回医療情報あり方検討会　資料2より抜粋）

　ビフォーアフターを掲載するためには、下記3つの条件を満たす必要があります。

①通常必要とされる治療内容
②掛かる費用
③この治療を行うことによるリスクや副作用

　1つ目の「通常必要とされる治療内容」には、ビフォーアフターで取り上げた症例に行った治療に加え、同様の治療を行う際に通常行う治療内容も記載しておく必要があります。

　2つ目の「掛かる費用」には、この治療を行う場合に掛かる費用全てを記載する必要があります。麻酔管理料や指導料等が必要となる場合やこの治療を行う際に併用されることが通常想定される他の治療法がある場合には、それらを含めた総額の目安を記載します。もし患者さんの症状によって異なる場合は、「5万〜5万5000円」や「約○円程度」との記載でも構いません。

　3つ目は「この治療に伴うリスクや副作用」です。限定解除の際にも記載しましたが、リスクや副作用について詳しく書いておくことは、医師にとって自らを守ることに繋がります。詳細に書いておくことをお勧めします。

　この3項目が順不同でビフォーアフターの写真やイラストの近くに分かる

ように記載されていれば問題ありません。しかし、記載するのを忘れてしまわないように、ビフォーアフターの写真を挿入する際には、必ず３項目が満たせるように様式を作ってしまうことをお勧めしています。ただし、このビフォーアフターの治療が自由診療であった場合には、同時に限定解除の７条件も満たす必要があるため、保険診療と自由診療を区別して様式を使い分けるようにしてください。治療内容に応じて、保険診療か自由診療科の区別をつけることは、委託するホームページ会社には難しいと思いますので、医院側でしっかり確認し、指示を出すようにしてください。

保険診療：
①通常必要とされる治療内容
②掛かる費用
③この治療を行うことによるリスクや副作用

自由診療：
①治療名称
②通常必要とされる治療内容
③公的医療保険が適用されない旨
④標準的な費用
⑤治療期間及び回数
⑥この治療による主なリスクや副作用
⑦適切かつ十分な情報を提供する

　下記のようなビフォーアフターは、「患者等を誤認させるおそれがある」と判断されるため掲載できません。
・元の画像を加工修正する　→虚偽広告として扱われます
・術前術後で明暗を変えるなどの撮影条件の変更やメイクをするなどの被写体の状態を変更する　→誇大広告として扱われます

・ビフォーのみ、アフターのみの写真だけを掲載する　→虚偽あるいは誇大
　広告として扱われます
・MRI がないクリニックのサイトで MRI 画像を掲載する等、自院で保有し
　ていない機器の画像を掲載する　→虚偽広告として扱われます

　どんな患者さんでも、治療を受ける前にどんな風に治るか知りたいもので
す。危険やリスクを伴う手術を決断するためには、期待される効果を鮮明に
イメージできることが必要です。術後の写真が、自らイメージする姿に近け
れば近い程、来院意欲は高まります。逆にいくら治療内容の説明が詳しく書
かれていても、ビフォーアフターの写真が不鮮明で、怪しいと感じたら、来
院する決心は鈍ってしまうことでしょう。矛盾したメッセージが発せられた
ときに人は、言語情報を 7%、話し方などの聴覚情報を 38%、見た目や表情
などの視覚情報を 55% 参考にして判断するというメラビアンの法則からも
分かるように、インパクトのあるビフォーアフターの写真はそれだけで集患
効果があります。
　これまでルール上グレーであった、あるいはリスティング広告が通らない
という理由から、ビフォーアフターを掲載したくても掲載できなかった医院
が、今は堂々とビフォーアフターを掲載できるようになりました。それどころ
か今後は逆に、ビフォーアフターを掲載しないことで、腕に自信が無いのか？
実績が不十分で出せる写真が無いのか？　と患者さんに邪推されるリスクや、
患者さんへの情報提供を適切に行っていないという評価に繋がるリスクが生
じる可能性があります。このため、症例データを多く蓄積している規模の大
きな病院がビフォーアフターを始める事例が増えてくることでしょう。
　そうなると、医院の広報面で、ビフォーアフター写真の需要が大きく高ま
り、「いかにさまざまな症例の写真を取るか？」「いかに綺麗に伝わる写真を
撮るか？」というこれまで重要視されてこなかった視点の対策が必要になっ
てきます。ビフォーアフターを活用した集患対策については、後ほど詳しく
解説します。

6. 体験談も条件付きで一部記載可能に

　前節のビフォーアフターに続く NG8 の最後の項目が、⑤患者等の主観に基づく、治療等の内容又は効果に関する体験談です。患者さんの体験談については、旧ホームページガイドライン時から、「医院にとって良い感想のみを選んで掲載すること」や「謝礼を支払い、医院にとって良い感想のみが出されるように誘導すること」が禁止されていましたが、実際これらを証明する方法はなく、野放し状態になっていました。そういった現状から多くの医院にとって、今までやってこなかったビフォーアフターより、これまで当たり前のように掲載してきた患者さんの体験談の方が、関心が高いのではないでしょうか。

　現在、医院が患者さんを誘引する目的で、個々の患者さんの主観的な体験談を紹介することは、閲覧者に誤認を与えるおそれがあるとして、省令レベルで禁止されています。ただし、ビフォーアフターと同様、全ての体験談が禁止されているわけではなく、禁止対象が「治療の内容や効果に関する」体験談に限定されています。
　例えば、
①○○治療を受けてから、体調がすっかり良くなりました。
②私がレーザー手術した際には、5分で終わりました。
③履けなかったスカートが履けるように嬉しい。
④多くの患者さまから喜びの声を頂いております。
などは、治療の内容や効果に関する体験談であるため NG になります。④については、第9回医療情報あり方検討会の資料 1-2 に禁止例として挙がっておりますが、前後の文脈から治療の内容や効果に関する体験談でないことが明らかであれば、この表現だけをもって禁止というわけでありません。
　逆に、
⑤受付の方が親切だったので、安心した。

⑥開業したばかりの医院なので、とても綺麗でした。

⑦入院した際のご飯が美味しかった。

といった体験談は治療の内容や効果に関わらないため、記載することに問題はありません。

　こういった分かりやすい体験談であれば、判断しやすいのですが、問題は

⑧待ち時間が短いのが気に入っている

⑨テキパキと短い時間で対応してくれ、助かりました。

といった治療の内容や効果に関するものなのかが一見判断できない体験談です。待ち時間が短い理由が、医師の手技によるものであった場合はNGですが、受付スタッフの対応によるものであった場合は、問題ないといえます。

　ただしこういったどちらともとれる紛らわしい表現は、取り締まりを行う担当者次第で、どちらに転ぶか分かりません。つまり、たとえ治療の内容や効果に関する体験談を想定していなかったとしても、国民を代表する取り締まり担当者がそう感じれば、指摘を受ける可能性があります。記載する場合は治療の内容や効果に関する体験談でないと明確にわかる表現を心がけましょう。特に医学的判断を伴う記載に関しては、ホームページ制作会社には判断できないため、丸投げせずに必ず医師が確認してください。

　なお医院にとって有益な感想だけを選んで掲載することは、虚偽・誇大広告に該当します。ホームページが広告の一部になった今となっては、自治体による医院への立ち入り調査権限の行使が可能となったため、注意が必要です。

　中にはビフォーアフター内に、「患者さんもこんな簡単に終わるんならもっと早くこればよかったと仰っていました」などと体験談を盛りこみたくなる場合があると思います。もちろんビフォーアフター内であろうが、限定解除の条件を満たしていようが、治療の内容や効果に関する体験談は禁止です。

　では、患者さんが個人的にブログやSNSで体験談を記載した場合は、どうなのでしょう？　医院のあずかり知らぬところで患者さんが勝手に書いた場合は、内容の如何を問わず誘引性がないと判断されるため、広告に該当せず禁止対象ではありません。ただし、患者さんにお金を払ってステマ的に掲

載してもらった場合や、業者に費用負担を行い、掲載を依頼した場合は広告に該当するため、省令違反になります。

　同様に誘引性がなく、そもそも広告の対象媒体になっていない院内掲示や院内のインフォームドコンセント等の説明資料に体験談を記載することも問題ありません。体験談の掲載可否に迷ったら、まずその対象媒体が広告に該当するかどうかを確認してください。これからは、**新しく始めるビフォーアフターで如何に新規患者さんを増やせるか？　掲載が制限された患者さんの体験談で如何に減少を抑えられるか？**　が、集患の鍵になります。

　医院が検索できるウェブサイト、いわゆるポータルサイトや口コミサイトへの体験談記載については、ガイドライン Q&A 1-18、2-10 にて詳しく定められています。

　医院ではない第三者が運営するポータルサイト等においても、特定の医療機関への誘引性がある場合は、広告に該当し、治療の内容や効果に関する体験談を記載することはできません。例えば、医院が広告費や管理費などの名目で費用負担する見返りとして、ポータルサイトの運営者が体験談の内容を改編したり、否定的な体験談を削除したり、肯定的な体験談を上位表示させるなどして、医院を優遇した場合に誘引性があると判断されます。さらに、口コミをもとにして医療機関を順位付けするラインキングサイトについては、体験談の記載 NG だけでなく、比較優良広告にも該当するため、ビジネスモデル自体が禁止されています。

　そもそも体験談によらず、医院を特定できるポータルサイや口コミサイトは、費用負担するなどして誘引性が認められた時点で広告に該当するため、医療広告ガイドラインを遵守して運営される必要があります。もしまだ記載内容を医院任せにして規制チェックを怠っているポータルサイトがあるとしたら、指摘を受ける前に早急に仕組みを見直しましょう。改正に伴い、何の根拠もなく勝手に医院をランキング付けするウェブサイトが明確に禁止になったことは、閲覧者の受診機会を保護する面で非常に有意義であると感じ

ています。今後もこういった不当に患者さんを誘引するサイトの甘い言葉に
乗らないように気を付けましょう。

　余談ですが、読者の皆様は平成18年に導入された「医療機能情報提供制
度（医療情報ネット）」をご存知でしょうか。医療情報ネットは、患者さん
が適切に医院を選択するための情報を提供することを目的として、全国の医
院から医療機能情報を集めています。しかしながら、都道府県毎に独自でサ
イト運営を行っているため情報提供に格差があり、調べやすく地域住民の役
に立っているサイトもあれば、全く機能していないのではないかと疑ってし
まうサイトも中にはあります。
　そんな状況から、医療広告ガイドラインのとりまとめを行った「医療情報
あり方検討会」にて昨今、医療機能情報提供制度の改革が話し合われていま
す。各都道府県でバラバラに運用されている情報サイトを統合して、国営の
医療ポータルサイトを作ろうという趣旨なのですが、その中に、患者さんの
口コミをデータベースに盛り込むのはどうかといった議論がありました。改
正した新医療広告ガイドラインにて、治療の内容や効果に関する体験談を禁
止したにもかかわらずです。この裏にはアメリカやイギリスの公的な病院評
価において、口コミ評価が重視されているという実態があり、中には点数を
つけてランキング付けしている国もあるぐらいです。そういった例から近い
将来、日本でも公的な医院評価の仕組みが作られ、そこには口コミ評価も盛
り込まれる可能性があるかもしれません。

第4章

広告規制を活用した集患対策

1. リスクを回避するための広告規制対策

　さて、ここで今まで解説してきたルールを振り返り、どんな点に気を付けてどういった手順で対策を練っていくべきかを整理したいと思います。まずこの期に及んで、自治体から指摘を受けてから、対応すればいいなど考えている方は直ちに改めてください。本書の読者であれば、ネットパトロール事業者から指摘を受けても焦ることはないと思いますが、自治体から指摘の電話が掛かってくるとなると、電話を受けたスタッフは非常に不安な気持ちになります。実際大きな指摘ではなく、軽い確認程度であったにもかかわらず、現場が軽いパニックになったという医院もありました。日々積み上げてきた信頼を台無しにさせないためにも、しっかりと現状を把握し、通報の隙を与えない広告媒体にしておきましょう。

（1）手順1　「限定解除が可能か？」を判断する

　改めて言うまでもなく、今回の新医療広告ガイドラインで最も重要なポイントは「広告可能事項の限定解除」です。限定解除ができれば、広告できる範囲が一気に拡がり、これまでの広告規制では禁止されていた診療科目や専門外来、ビフォーアフターを含む効果の記載や未承認医薬品さえも書けるようになります。一方、限定解除できなければ、記載できる内容は14項目のポジティブリストに限られます。つまり、ホームページやパンフレット、チラシなどを制作する上で最も初めに確認すべきことは、「これから作る広告媒体は限定解除が可能か？」になります。

　限定解除が可能な媒体は、患者さんが自ら求めて入手する情報に限られています。見たくなくても目に入るTVCMやポスティングによる配布チラシ、サイトに自動的に表示されるバナー広告などは限定解除ができません。患者さんが自分で検索して辿り着いたホームページ、自らの意志で資料請求を行い届くパンフレット、自分で登録したメルマガなどが限定解除可能になります。リスティング広告自体は限定解除できませんが、リスティング広告をク

リックして飛んだ先のホームページは限定解除が可能になることも忘れてはいけません。

　限定解除が可能であれば、あれやこれも書けるなと選択肢は広がります。しかし、限定解除ができない時点でこれらは全て書けなくなります。例えばチラシを作る上で、サイトのデータをそのままコピペして作ってしまうと広告違反だらけになってしまう恐れがあるので、注意してください。

(2) 手順2　NG8への対応

　限定解除が可能な媒体かどうかを確認できたところで、次にすべきことは、限定解除によらず、広告することができないNG8がないかを見直すことです。NG8とはすなわち、虚偽、比較優良、誇大、反公序良俗、体験談、ビフォーアフター、下品、他規制の8つの違反です。ここでは改めて1つずつ解説しませんが、把握できていないとせっかく書いたブログを書き直ししなければならなくなりますので、しっかり頭に叩き込んでおきましょう。

　なお、体験談とビフォーアフターについては、条件付きになっています。体験談は、治療の内容や効果に関するものが禁止になっており、ビフォーアフターは患者さんへの誤認を与えないように、治療内容、費用、リスク副作用を併記する必要があります。

　もし該当箇所があれば、抵触しない表現に修正しましょう。私はサイト制作をする上で、これまで多くの文言を指摘してきましたが、大抵いくつかのパターンに限られます。

・「うちの医院だけしかできない」といった比較優良広告
・「○○専門医」としか記載していない誇大広告
・撮影条件があまりにも異なるビフォーアフターの誇大広告
・「キャンペーン実施中！」等の品位を損ねる広告
・歯科に多い自称「○○センター」の誇大広告
・手術実績の期間を併記漏れしている誇大広告

特に、虚偽の記載として指摘された場合は、他の違反よりも罪が重くなります。根も葉もないウソをわざわざつこうと考える方はいないと思いますが、「説得力を増すためには数字を記載すると効果的！」といったコンサルタントの言葉に惑わされ、つい根拠のない数字をでっち上げてしまう場合があります。こういった指摘を受けた際に実証できない数字は虚偽と判断されてしまうおそれがあるため、「まあいいか」と記載してしまわないようにしましょう。

（3）手順３　限定解除の条件を満たす

手順１に続き、限定解除が可能な媒体については、限定解除の条件を満たしているかを確認します。限定解除を可能とする条件は、患者さんが自ら求めて入手する情報であることに加え、問い合わせ先が明記してあることが必要です。保険診療であれば、この２つの条件でクリアーになりますが、自由診療を行っている場合はさらに、治療名、治療内容、自由診療である旨、期間・回数、費用、リスク・副作用、その他特筆すべきことといった７項目を併せて記載する必要があります。

これら７項目の中でも特に記載漏れが多いのが、期間・回数です。費用はあまり書きたくないという気持ちが働くという意味で忘れにくいのですが、期間・回数は症状に合わせて判断するという場合が多いため、判断が難しいという意味で書きにくいといえます。さらにこれまで期間・回数を記載してこなかった医院が大半かと思われますので、意識しないと書き忘れてしまいます。しっかりと７項目が押さえられるようフォーマットを作っておき、自由診療を記載する際には必ずフォーマットを挿入する習慣をつけておくのがいいでしょう。

ここで副作用やリスクについて詳しく明記しておくことで、インフォームドコンセントの際の説明義務が軽減する訳ではありませんが、実際トラブルになった時、少しでも自分達の身を助ける材料になるかもしれません。手間を惜しまず、考えられる可能性を記載しておくことが肝要です。

（4）手順４　未承認薬・機器による治療の追記内容を確認する

　限定解除により記載可能になる事項の中でも、ビフォーアフターと並び影響が大きいのが未承認薬に関わることでしょう。いわゆる健康食品もここに含まれることから、その影響力は美容系医院だけにとどまりません。

　未承認薬等の記載に必要なのは、未承認・適応外である旨、入手経路、国内承認薬の有無、海外安全性情報の４項目になりますが、やはり厄介なのは最後の海外安全性情報です。実際どこまで詳しく記載するかによりますが、完璧に調べて、更新していこうと考えると非常に手間が掛かります。こちらも抜け漏れが無いように４項目のフォーマットを作り、そこに当てはめていく方法をお勧めします。

　以上の流れで記載内容をチェックしていけば、大抵の広告規制違反は防げます。少なくとも医療従事者が広告物に記載する文章を作る、あるいはブログを更新するのであれば、この手順に沿ってセルフチェックすれば十分です。それでも心配であるという方は、医療広告規制のチェックツールをサイトに導入することや、専門家にチェックをお願いしましょう。

　広告規制が法制化した今、知らなかったでは済みません。「とりあえず様子見」の時代は終わりました。

　「気が付いたら、違反していた」、「指摘されるまで気づかなかった」といったコンプライアンス意識では、患者さんやスタッフが困ります。

　逆に自治体からの指摘を怖がり、「どこまで言えるか分からないから、できるだけ書かないようにしよう」と対応を後回しにしたくなる気持ちも分かります。しかしながら、最も怖れるべきリスクとは「あれも言えない。これも言えない」と勝手に決めつけ、何も言えなくなってしまうことです。

　これまで読んでくださった方なら、しっかりと対策さえすれば、今回のガイドライン改正はむしろ緩和であるとご理解頂けたことでしょう。有り無しの境界が分かっているからこそ、「どこまで踏み込むべきか？」の戦略が立

てられます。院長が自ら先頭に立って、医療広告ガイドラインの遵守を掲げ、効果の記載やビフォーアフターを武器に攻めの集患戦略を練りましょう。

2. 対応前に指摘を受けた場合の緊急対策

（1）医療広告の原理原則に立ち戻って議論する

つい「何を書いてはいけなかったのか？」「では、どのように書けばよかったのか？」という具体的な表現に注意が向きがちですが、医療広告の最も重要な原理原則は、患者さんが自ら治療を選択できるように正しい情報提供を行うことです。もし指摘された表現が重箱の隅を突くような表面上の指摘であったならば、患者さんがこの情報によって誤解し受診機会を喪失したか否かに議論の焦点を絞り、担当者と話し合いを行うべきです。この本質から外れてさえいなければ、大きな違反にはならないはずです。

（2）客観性のあるデータを準備しておく

もし、効果の記載等で言い過ぎてしまった表現があるのであれば、元になった客観的なデータを指し示し、根拠が全くなかったわけではないが、少々言い過ぎてしまったと反省を述べるべきでしょう。全く根拠がない場合は虚偽の記載と判断され重い罪が科される可能性がありますが、実際のデータよりも言い過ぎてしまったということであれば、誇大広告の範囲内で済む可能性もあります。だからといってもちろん、どんどん書いていいというわけではありません。

（3）医学的判断に基づく観点から見解を述べる

自治体の担当者が如何にガイドラインに詳しいとはいえ、医師に対して医学的判断を伴う箇所を指摘することは困難です。該当箇所にもよりますが、医学的判断を伴う内容であった場合には、医療の土俵で話し合うというやり方も可能かもしれません。ただし、自治体で判断できない個々の事例につい

ては医療広告協議会に委ねるというルールになりましたので、初回の指摘を退けられても後々遡及される可能性があります。

（4）引くところと引けないところを予め決めておく

　税務調査でいうところの「お土産を用意する」という対処方法です。ここは絶対引けないというボーダーラインを予め決めておき、そこに達する前の過ちを早々に認めることで、許してもらうという心理的な駆け引きです。しかしながら、この方法も多少引いたからといって許される保証はなく、そのまま予定していたボーダーラインをすんなり越える是正処置を命じられることになるかもしれません。

　結局どれも有効な手段とは言いにくいわけですが、この場だけ凌げれば明日には直せるという事柄であれば、こういった対応も効果がないというわけでないかもしれません。しかし、どう逃れても最終的にはガイドラインを遵守する必要があるのですから、それならば予め手を打っておき、立入調査になんてお世話にならないようにしておきたいものです。

3.　Google の新医療アルゴリズムへの対応

　医療広告ガイドラインの解説が一通り完了したので、すぐにでもガイドラインを活用した Web 戦略という議題に入りたいところですが、その前に前提条件として医療 Web 業界を揺るがす大きな出来事であった Google のアルゴリズム変更について解説しておかなければなりません。Web に苦手意識をもつ方には少しややこしい内容かもしれませんが、こと集患に関していえば、医療広告ガイドラインの改正よりもよっぽど影響力が大きかったと言える出来事です。しかも、この問題は現在進行形であり、未だ多くの Web 担当者を悩ませています。

　そもそも Google などの検索エンジンにおいて、検索窓に「医療広告ガイ

ドライン」と入力し検索ボタンを押した際、どんな判断基準で Google は表示する Web サイトの順位を決めているかご存知でしょうか？　情報量が多い順？　更新頻度が高い順？　アクセス量が多い順？　はたまた Google 先生の好き嫌い？　実はこの問いに正確に答えられるのは Google 社内でも極一部の人に限られており、一般的には公表されていません。この検索された際の表示順位を決めているプログラムを**アルゴリズム**と呼び、Google によって度々更新されています。

　検索結果は 1 ページにつき、10 サイト表示されることになっており、表示順位が下がるのに比例して、サイトを見てもらえる確率も下がっていきます。一般的に 1 ～ 2 ページ目、つまり上位 20 位ぐらいまでに表示されないと、ほぼ見てもらえないといわれています。また 1 ページ目に表示されるのと 2 ページ目に表示されるのではアクセス数に大きな差があるため、Web に携わる世界中の人々が 1 つでも順位を上げて 1 ページ目に表示させようとしのぎを削っています。先程、順位を上げるためのルールは誰にも分からないといいましたが、全く分かっていないわけではなく、Google からの公式発表やこれまでの経験則によって、ある程度順位を上げるためのコツが明確になっています。この検索順位を上げるためのテクニックは **SEO**（Search Engine Optimization：検索エンジン最適化）と呼ばれ、SEO 担当者は Google からの評価を高めるために随時サイト内外の更新が行っています。中でも代表的な SEO 対策として信じられている要素に、「オリジナル情報の量」と「更新頻度」の乗数が高い程上位表示されるという法則があります（もちろん SEO 対策は影響力が大きいものから小さいものまで様々あり、信憑性もそれぞれです。今回はその中でも、医療従事者が自らの努力でSEO を高められるという基準から私が選んだ要素で方程式を作っています。SEO 対策についてさらに詳しく知りたい方は専門書をご覧になってください）。その法則を式の形にすると以下のようになります。

　上位表示方程式＝オリジナル情報の量×更新頻度
　オリジナル情報の量とは、他のサイトには書いていないような自分しか

持っていない希少で有益な情報がどれだけ沢山記載されているかです。何を
もって有益と判断するかは、例えば閲覧者がサイトに滞在している時間や、
読んだページ数の多さ（つまりは興味を持って読んでくれている）、他のサ
イトにも紹介されているか、関連する単語が多く含まれているか、ちゃんと
した日本語になっているかなどからGoogleのアルゴリズムに則って総合的
に判断されます。もちろんどんな内容でもいいわけではなく、上位表示させ
たいキーワード、例えば「花粉症」というキーワードで上位表示させたいと
考えるならば、花粉症に関する医院オリジナルの有益な情報がどれだけサイ
トに掲載されているかで評価されるという訳です。

　一方更新頻度とは、言葉そのままでサイトが更新された頻度です。多けれ
ば多い程上がりやすいというわけではなく、ある一定の頻度で更新されてい
たら、SEOの判断基準に加点されるという具合です。

　これらを掛け合わせたもの、つまり誰も書いてないような専門的な情報
をより分かりやすく、かつ毎日更新し続けることが検索順位を上げるコツ
です。「そんなことやっている暇はない」という皆様の声が聞こえてきまし
た。そうです。日々患者さんと向き合い、医療サービスを提供されている皆
様にそんなことをやっている暇はありませんので、それを代行する業者が
溢れています。これを逆手にとって2016年11月に炎上して閉鎖になった
のが、DeNAの医療健康情報サイト「WELQ」です。素人のライター達に1
本1000円程の報酬を払い、内容の真偽は問わず、ひたすら医療と健康に関
連する情報を毎日約100本更新していった結果、莫大なアクセス数を獲得し、
広告費を荒稼ぎしました。しかしその一方で嘘情報を信じた閲覧者に健康被
害が起こり、SNSで炎上し、DeNAの社長・会長が記者会見で謝罪すると
いう大騒動になりました。この事件がきっかけとなり、社会ではネット情報
の真偽を見極める目を持つ必要性があることが叫ばれ、Google内でも方向
性の転換を余儀なくされました。

　WELQ問題のほとぼりが冷めかけた1年後の2017年12月6日、Google
は日本語による検索結果について、医療と健康に関わるサイト全体の60％

に影響を与えるようなアルゴリズム変更を行ったと公式ブログで発表しました。医療や健康などの情報は人々の将来の幸福や健康的な生活に大きな影響を与える可能性があるため、より信頼性が高く高度な専門性と権威を有する（Expertise・Authoritativeness・Trustworthiness の頭文字を取って、E-A-T と呼ばれています）サイトを高評価するという判断でした。さらに、一般読者が理解できるよう専門用語を控えることが推奨されました。つまり、この時から医療や健康サイトの上位表示方程式が、下記のように更新されたという訳です。

上位表示方程式＝オリジナル情報の量×更新頻度× E-A-T（専門性・権威性・信頼性）

　また、E-A-T の評価は、これまで明確に定義されておりませんが、ネットに広がる情報から私は次のように解釈しています。

専門性：専門的な内容が分かりやすく盛り込まれているか、情報元の引用文献等が記載されてあるか

権威性：政府や学会、大学、マスコミなどの外部サイトからリンクが貼られているかどうか（2019 年 2 月 15 日 Google 公式発表）

信頼性：著者の経歴や活動などのプロフィールが明記されているか、その内容を書くに資する人物かどうか

　まず、この大幅なアルゴリズム変更がいち早く影響を与えたのは、医院ホームページより信頼性が乏しいと判断された個人で運営している健康情報サイトでした。特に健康食品などの商材についてブログを書き、商品販売サイトに誘導して、販売仲介料を受け取るアフェリエイトと呼ばれるビジネスモデルを行っているサイトへの影響が大きく、例えば「葉酸サプリ」と検索した場合の表示順位は 1 位から 13 位までのサイトが一気に入れ替わったと話題になりました。

　さらにその影響は個人サイトだけに留まらず、2018 年年明けには複数の

医院サイトにて突如アクセス数が激減するといった変化が起こりました。この時期ホームページ経由の診療予約数が極端に減り、経営が苦しかった記憶のある方も多いことでしょう。この前代未聞のアルゴリズム更新は、その後も繰り返し行われ、その度に表示順位が乱高下しました。特に7〜13位あたりに表示されることが多い医院にとっては、1ページ目（10位以内）に表示されるか否かで予約数に大きく差が生じるため、経営がGoogleに振り回されている気分になっているかもしれません。

Column　whether true or false

　新医療アルゴリズムが発表された際、多くのメディアでは「昨年のWELQ問題を重く見たGoogleが医療アルゴリズムの変更に踏み切った」という論調でアルゴリズム更新の経緯を説明しました。しかし、私はこの論調に多少の違和感を抱いています。Googleが医療・健康に関わるサイトを問題視して、評価基準を分けることを検討しているとの見解を初めに発表したのは2013年であり、WELQ問題が炎上した2016年12月のずっと前です。それにもかかわらず、WELQ問題からアルゴリズム更新がされる2017年12月6日まで丸1年間沈黙が続きました。確かにWELQ問題で開発に拍車がかかり、更新までに1年を要したという解釈にも納得はできますが、WELQ問題がきっかけであればそのほとぼりが冷めないうちに対処したいはずです。つまりWELQ問題発覚後、更新が早ければ早い方が良かった中で、世界一とも言われる有能な人材の集まりであるGoogleが1年も放っておくかな？　と不思議に思うわけです。

　さらに、医療アルゴリズム更新によって最も大きな影響を受けたのは、実は医院ではなく、個人で健康サイトを運営していたブロガーやアフェリエイターです。その後医院のホームページにも影響は与えたものの、度重なるアルゴリズム更新により、2017年以降大きく下がったまま戻っ

ていないという医院サイトはあまり見受けられません。波はありますが、医院サイトの順位はある程度戻ってきています。特に公的機関や大学病院、規模が大きい病院は E-A-T（専門性・権威性・信頼性）を高く評価され、上位表示されるようになりました。一方、個人ブログやアフェリエイトサイトの多くはアルゴリズム更新以降、順位が下がったままです。

　ここで問題です。「医療広告ガイドライン案はいつ発表になったのでしょう？」 医療法の改正が施行されたのは 2018 年 6 月 1 日でした。しかし、医療広告ガイドラインの改正案が最初に発表されたのは **2017 年 11 月 29 日**です。その後、医療情報あり方検討会やパブリックコメントを経て、多少の変更はあったものの、大筋は案段階で決まっていました。このガイドラインが施行されると、医院のホームページは全て広告扱いになり、医療法の取り締まりの対象になるため、当初医療業界団体は強く反対していました。

　ついにガイドライン案が発表されたその**翌週**に、医療・健康のウェブ業界がひっくり返るような大アルゴリズム更新がされたのです。長らく医療広告ガイドライン改正の経緯を追ってきた私は、2 つの事象になんらかの関連性を感じざるを得ませんでした。「・・・なるほど、司法取引か」

　では、どうしたら Google アルゴリズムに振り回されなくて済むようになるのでしょう？もちろん Google を使わないという選択肢はあり得ないため、全く影響を受けないという方法はありませんが、ネットの仕組みを理解することで更新や流行りに依らない対策を講じることが可能です。ここで私が提案するのは異なる 2 つのアプローチ方法です。

提案その 1 ：リスティング広告を活用する

　一つは、以前からある広告手法、**リスティング広告**です。リスティング広告とは、Google あるいは Yahoo!、Facebook 等に広告費を支払い、ページ

の目立つ場所にホームページに誘導する広告を表示させる方法です。それぞれ Google 広告、Yahoo! プロモーション広告、Facebook 広告というサービス名で運営されていますが、ここではまとめてリスティング広告と呼ぶことにします。大まかには、検索キーワードに連動して自然検索の上に表示させる検索連動型広告、医療や健康に関連するサイトや閲覧者の背景に合わせてイメージ画像を表示するディスプレイネットワーク広告、以前ホームページを閲覧したことがある人に向けて表示するリマーケティング広告と３つに分けられます。（厳密に言うと、各社で言い方や仕様が異なったり、リマーケティング広告はディスプレイネットワーク広告の一部であったりと、詳しい方はいろいろ物申したいと思いますが、本書では割愛して説明を進めます。）

　既に運用されている方にとっては、「今さらリスティング広告？」と思われるかもしれませんが、今こそリスティング広告は価値を見直されるべきだと思います。リスティング広告は、検索キーワードを自ら選び、自然検索とは別枠に表示させるものなので、アルゴリズム更新の影響を受けることなく、常に上位表示させることが可能だからです。

　さらに限定解除が導入されて、リスティング広告の費用対効果がより高まりました。法改正前はリスティング広告を行うと、広告にリンクされたサイト先が全て広告扱いになるというルールであったため、リスティング広告から記載内容が限定された別サイトに飛ばし、そこから再度検索してもらって公式サイトに来てもらうといったややこしい運用をせざるを得ませんでした。しかし、現在はリンク先のサイトの限定解除が可能ですので、リスティング広告とホームページを直接リンクできるようになり、無用な脱落率が抑えられ、広告の費用対効果も上がりました。

　リスティング広告のサービスが始まった当初はそれこそ、広告を避けて自然検索を押すという方が多かったように思いますが、現在は生まれた時から広告が表示されるのが当たり前であったデジタルネイティブ世代や、じわじわ増えて主流になりつつあるデジタルシルバー層を中心に、広告枠と自然検索の垣根が意識されなくなってきています。リスティング広告はクリックさ

れるごとに広告費が掛かりますが、だからといって広告を使わずに自然検索の順位をあげるため、SEO対策をするにも人件費がかかります。アルゴリズム更新に振り回される不安定な状況では、むしろ安定的に上位表示ができるリスティング広告費の方が安いのではないかと考えています。ましてや、医師自らがSEO対策を行う場合の人件費に比べれば、遥かに少ない広告費で済むはずです。

　さらに単にかかる費用に注目するのではなく、1人当たりの新患を獲得するための費用対効果を考えることが重要です。例えば、弊社で広告運用をサポートさせて頂いている外科の日帰り手術をメインに行う医院様では、1件あたり手術単価が3割負担で約5万円です。一度手術して治ってしまうと手術後のフォローはあるもののほぼリピートが期待できないため、手術単価をベースに新患1人当たりの広告費を決めることになります。使える広告費が明確なので分かりやすいです。一方、心療内科のように一度来院したら、その後場合によっては一生来院し続けるタイプの医院では、一度の来院の治療単価で広告枠を考えるのではなく、これまでの自院のリピート率などからその後どのくらい来院するかを予測し、使える広告費を算出する必要があります。こういった考え方をLTV（Life Time Value：顧客生涯価値）といい、医療広告に限らず様々な業界で活用されています。

　もし、駅看板やバス広告に広告費を使っているため、さらにリスティング広告の費用を捻出するのは難しいと考えている方は、この費用対効果という面から再度考え直してみることを強くお勧めします。果たして駅看板やバス広告から年間何人の新患を獲得できているか把握できていますか？　この質問に答えられる方は殆どいらっしゃらないと思います。

　「でも目立つ位置にあるし、止めたら減るかもしれないし……」　そうなのです。その「止めたら減るかもしれない」が大きな問題なのです。言い換えると、減るかもしれないし、減らないかもしれません。つまり費用対効果が計測できない広告に、「不安」を理由に年間何十万というコストを支払っているわけです。私は長年医院の広告運用に関わってきましたが、未だかつて

リスティング広告が駅看板やバス広告より費用対効果が悪かったという事例を知りません。もし医院が駅中にある場合やバス停の目の前にある場合は、暫くの間良い勝負をする可能性もゼロではありませんが、長い目で見れば確実にリスティング広告の方が有利です。**効果測定ができない広告媒体は改善できないからです。**

　リスティング広告であれば、どんな検索キーワードでどんな患者さんが来たのか、男女比や年齢層まで分かります。さらに Google Analytics という解析ツールと連動させることにより、広告経由でホームページを訪問した方が、どのページを見たか？　どのくらいサイトに滞在していたか？あるいは、自然検索で来た方に比べて予約率が高いといった情報まで一目瞭然です。こういったデータを見ながら来院状況と照らし合わせ、広告費を日々調整しながら運用できるというのは、ウェブ広告の大きな強みです。さらに、リスティング広告は、広告を出す地域と期間も自分で選択できます。例えば、ここ2〜3カ月どうもこの地域からの新患が増えているなということが、電子カルテのデータから把握できたら、その地域のみ広告費を倍に増やすという対応ができますし、逆に東に新しく開業した医院が新規オープンの広告を派手に打っていることが分かったら、暫く東への広告はストップしておき、他院の広告の勢いが衰えたところで再び広告を出し始めるといった戦略が立てられます。あるいは、競合他院がお休みする GW や年末に集中して広告を行うことも可能です。リスティング広告であれば、いつでも始められて、いつでも止められるため、閑散期には広告を増やし、繁忙期には広告をストップするといった来院患者数のコントロールも可能になります。特に季節変動が大きい耳鼻科の医院からは、来院数を年間通して均すことができるのは非常に助かるという声を頂いています。

　このようにリスティング広告を活用して、季節変動や競合他院の動向に応じて自院に合った広告運用を行うことで、Google アルゴリズムの更新に振り回されない医院経営が可能になります。

提案その２：症例紹介ブログを始める

　そしてもう一つが、今回のガイドライン改正により可能となった、とっておきの対策方法です。2017年から始まったGoogleの新アルゴリズム変更により、これまでの上位表示方程式に専門性・権威性・信頼性の評価が加わったことは既にお話した通りです。

新上位表示方程式＝①オリジナル情報の量×②更新頻度×③E-A-T（専門性・権威性・信頼性）

　SEOを高める対策として、昔から一般的に用いられている方法に「ブログ」があります。これは事業活動を行っていく上で日々起こる事柄の中から事業に関する①オリジナル情報を盛り込みつつ、②更新頻度を稼ぎやすいからにことなりません。しかし、こと医院のホームページに関してはこの定石が通用しませんでした。「日々の診療において、患者さんのこんな悩みにこう対処して、症状が改善した」といった内容は、治療効果の記載にあたりNGだったためです。やむを得ず、近くの定食屋さんのランチの写真をUPしたり、どこどこに旅行に行ったという内容を書いたりしている医院ブログを見かけますが、医療に関連性のないブログでは、SEO対策にあまり効果がありません。それどころか、人柄を伝えるという効果を除けば、医療と関連性のないブログを書き続けることは、SEOにとってむしろマイナスになります。つまり、医院サイトのSEO対策としてブログを書くことはお勧めできませんでした。医療広告ガイドラインが改正されるまでは。

　医療広告ガイドライン改正により、治療効果の記載が可能になり、ビフォーアフターも解禁になりました。今は医療広告ガイドラインを理解し、ビフォーアフターを掲載できる条件さえ満たせば、「日々の診療において、患者さんのこんな悩みにこう対処して、症状が改善した」といった症例紹介ブログを書くことができるのです。医院には毎日色んな悩みを持った患者さんが来ることでしょう。カルテに記録するとともに、ブログ用のアイデアを蓄積して

ください。実際の診療風景を思い出しながら、患者さんとのやりとりの経緯を記載することで、専門的な内容も分かりやすく伝えることができるはずです。ただし、体験談の記載は書けませんので、症状の改善に関する書き方には十分気を付けてください。

　このような症例紹介ブログを続けることで、ブログに期待される①オリジナル情報の量や②更新頻度だけに留まらず、自然に③E-A-T（専門性・権威性・信頼性）を満たしたページが大量にホームページに作られることになります。治療法や疾患紹介のページを増やし続けるのには限界がありますが、症例紹介ブログであれば診療を続ける限り書き続けられます。また症例紹介ブログの数が多ければ多い程、患者さんは自身の症状に当てはめ、治療効果や副作用を参照することができます。弊社で支援をさせて頂いている医院の中には、150例以上の症例紹介ブログを蓄積した結果、検索数が多いキーワードで上位表示され、リスティング広告に頼る必要が無くなった例もあります。とりわけ③専門性で求められるのは、一般の患者さんにとって分かりやすい表現を使用することであり、「歯がグラグラする」「頭がクラクラする」「目がチカチカする」「ボツボツができた」「肩が重い」等の表現を盛り込むことです。こういった表現を問診票やカルテからピックアップし、症例紹介ブログで使えるようにストックしておきましょう。

　症例紹介ブログで患者さんに情報発信をしていくことは、患者さんのニーズに応え、医療広告ガイドラインの原理原則である自ら治療を選択するための情報を患者さんに提供することに繋がります。即ち医療広告ガイドラインの主たる目的を満たすと同時に、Googleの新アルゴリズムに対応したSEO対策ができるのです。やらない手はありません。競合他院が医療広告ガイドライン対応に躊躇している間に、どんどん症例紹介ブログを書き、気が付いたときにはもう追いつけないという差をつけてしまいましょう。

4. 症例紹介ブログを書き始めるための準備と心構え

　ビフォーアフターを行うためのガイドライン上の条件は既にお話しました。本節ではさらに細かく、実際に症例紹介ブログを書き始めるにあたって準備しておくべきことを解説します。「ルールさえ分かれば、ビフォーアフターなんて写真があればできるでしょう？」と思ったあなた、これから全国の医院が一斉に症例紹介ブログを書き始めたとしても、症例紹介ブログから集患できる自信がありますでしょうか？

　本章では症例紹介ブログが当たり前になった状況を想定し、「症例紹介ブログ2.0」と名付け、攻めと守りの対策を検討します。まだ症例紹介ブログという手法が一般的になっていないうちから何を言っているのだろうと違和感があるかもしれませんが、心配いりません。すぐにそんな状況になります。まずは守りの対策から考えていきましょう。

(1) 症例紹介ブログ2.0　守りの対策

　医療広告ガイドラインに則った症例紹介ブログが新アルゴリズムに合致した最新の SEO 対策である限り、症例紹介ブログが王道の web 対策になるのは火を見るよりも明らかです。しかし、症例紹介ブログを書く医院が増えれば増えるほど、差別化しようと過剰な記載をする医院が出てくることでしょう。過去に美容医療サービスを提供する医院間で行き過ぎた表現が過熱した時と同様です。そうなったときに考えられるのは、医療広告ガイドラインが更新され、ビフォーアフターを掲載する条件が厳しくなる可能性。あるいは治療効果の記載に関して景品表示法の不実証広告規制が適用され、より厳密に客観的な証拠が求められる可能性です。医療広告ガイドラインが改訂された場合はそうなってから対処するという他ありませんが、後者の景品表示法に関しては実は現時点でも警戒が必要です。過去に内閣府の消費者委員会において、医療サービスの不当表示に対して景品表示法上の措置命令を適用すべきという意見が挙がったことがあり、医療広告ガイドラインにおいても

ホームページ等に対し不実証広告規制を適用することは可能であることが窺えます。そこで、本気で症例紹介ブログに取り組む方に向けて、ここで景品表示法について整理しておきます。

医療法の広告対象は誘引性と特定性を満たす医歯業等であり、厚生労働省の管轄です。一方、消費者庁が管轄する景品表示法の対象は、誘引性と特定性を満たす商品・サービス全てを網羅し、取り締まりが別になります。そのため、虚偽広告や比較優良広告、誇大広告については、場合によってはダブルで違反になり、それぞれ別個に処罰を受ける可能性があります。医療広告ガイドラインにも景品表示法を説明する記載はありますが、これまで医療サービスで適用になった例が少ないことから、ほとんど内容を知らないという方も多いのではないでしょうか？しかし、実は旧ホームページガイドライン時代から、医療法で取り締まりができなくとも、いざとなったら景品表示法で引っ張ることが可能になっていました。消費者庁による取り締まりが厳しくなってきている今、自由診療を主とする医院や健康食品などの物販を扱う医院は、景品表示法もしっかり把握しておきましょう。

景品表示法は、正式名称を不当景品類及び不当表示防止法といい、商品・サービスにおけるうそや大げさな不当表示から消費者を守ることを目的として制定されています。不当表示は大きく、①優良誤認表示、②有利誤認表示、③その他誤認されるおそれのある表示に分けられており、違反であると判断された場合、事業者側に故意・過失がなくとも処分が下されます。医療広告ガイドラインにおけるネットパトロール事業のように、違反を指摘された後に直せばお咎めなしという甘い運用ではなく、見つかり次第即、行政指導が行われ、弁明の機会は与えられるものの、なかなかその指摘を覆すことは難しいというのが現状です。

①優良誤認表示

商品やサービスの品質、規格などの内容について、実際よりも著しく優良であると、消費者を誤認させる表示は優良誤認表示として禁じられています。

例えば、原材料や添加物、原産地、製造方法、使用期限、国などの認証で定めた方法と異なる使い方を標榜した場合がこれにあたります。医療広告ガイドラインにおける NG8 の比較優良広告、誇大広告に抵触する場合は、同時に景品表示法上で優良誤認表示にも抵触する可能性があります。

　なお「著しく」とは、「誇張・誇大の程度が社会一般に許容されている程度を超えていること」と定義されており、超えているかどうかは、表示を誤認して顧客が誘引されたか否かといった顧客目線で判断されます。事業者が故意だったのか？過失だったのか？は関係ありません。ここまでは医療広告ガイドラインとほぼ同じ解釈ですが、景品表示法ではさらに指摘側寄りのルールになっています。「この表現がアウト」といった特定の表現がなくとも、商品の性質、一般消費者の知識水準、取引の実態、表示の方法や内容などを基に、表示全体から総合的に抵触可否を判断できることになっています。

　加えて、指摘側は優良誤認と判断した根拠を指し示す必要がないどころか、逆に事業者に表示の裏付けとなる合理的な根拠を示す資料の提出を求めることができます。指摘を受けてから 15 日以内に資料が提出できない場合、もしくは提出した資料が「合理的な根拠」と認められなかった場合には、不当表示となり問答無用で措置命令が下されます。この提出資料には、学会等で認められている方法による調査結果や査読された学術文献などの裏付けが必要とされるため、一般的には指摘を受けると覆すのは困難です。これが景品表示法の**不実証広告規制**というルールであり、消費者保護を目的とした消費者庁の強力な特権です。

不実証広告規制の適用例

・ダイエット食品の痩身効果：
　あたかも食事制限することなく痩せられるかのように表示していたが、実際には表示の裏付けとなる合理的な根拠を示す資料はなかった。
・即効性かつ持続性のある小顔矯正：
　あたかも施術を受けることで、直ちに小顔になり、その効果が持続するか

のように表示していたが、実際には表示の裏付けとなる合理的な根拠を示す資料はなかった。

・高血圧等の治癒効果：

あたかも機器を継続使用することで、高血圧等の特定の疾患が治癒するかのように表示していたが、実際には表示の裏付けとなる合理的な根拠を示す資料はなかった。

②有利誤認表示

続いて2番目の有利誤認表示は、商品・サービスにおける価格や数量、アフターサービス、保証期間、支払い条件などに関して、著しく有利であると消費者に誤認させる表示を禁止しています。代表的なものに通常価格より高い価格をわざと打ち消すように併記する二重価格表示があります。効果の記載や体験談に「個人の感想です」と表示することや、限定解除の記載条件などの注意書きを小さく書くことも打ち消し表示に含まれ、消費者庁の取り締まり対象になります。過去には、歯科医院で表示価格に別途矯正装置の費用が必要であるにもかかわらず、あたかも「○○円」だけを支払えば歯列矯正が可能であるように表記し、有利誤認表示で措置命令を受けた例があります。

③その他誤認されるおそれのある表示

その他に、6つの禁止事項が指名されていますが、医療機関に適用されるケースはあまりないと思いますので、項目だけ列記するに留めます。

a．無果汁の清涼飲料水等についての表示

b．商品の原産国に関する不当な表示

c．消費者信用の融資費用に関する不当な表示

d．不動産のおとり広告に関する表示

e．おとり広告に関する表示

f．有料老人ホームに関する不当な表示

景品表示法に違反した疑いが生じると、消費者庁による情報収集や事情聴取などの調査が行われます。その結果、違反行為が認められると、事業者に弁明の機会が与えられた上で措置命令が下されます。措置命令による処分には、違反表示の差止め、違反したことを一般消費者に周知徹底させるために大手新聞紙に謝罪広告を出すことやホームページに謝罪文を掲載すること、違反行為を繰り返さないように再発防止策を講ずることなどが命じられます。

　さらに、優良誤認表示行為や有利誤認表示行為を行った事業者が、本来確認すべきであった表示内容の確認を怠ったと判断された場合、不当表示を行っていた期間（最大3年間）の該当商品・サービスの**売上の3%を課徴金**として納めなければならない課徴金納付命令が下されます。ただし、不当表示の事実を知り、不当表示を改めた期間は免除になるとともに、事業者自ら不当表示に気づき、是正および報告をした場合は、課徴金が半額に減額されます。また措置命令が出た時点で非を認め、消費者に自主返金対応をすれば、返金額に応じて課徴金の納付を命じないあるいは課徴金を減額するという処分の減免があります。逆に、課徴金納付命令が下った後でも非を認めず、処分取消訴訟を起こすことが可能です。なお、売上の3%が150万円に満たない場合は課徴金の対象になりません。

　これまでの課徴金施行例としては、三菱自動車が燃費不正問題で4億8507万円、日本マクドナルドが成形肉を「ローストビーフ」と虚偽記載したことで2171万円を命じられています。5000万円以上の売上がないと課徴金の対象にはなりませんが、3年間でということを考えると、該当する場合もあるかもしれません。症例紹介ブログで商品やサービスを紹介する際は、優良誤認・有利誤認表示になっていないか気を付けましょう。

　2019年ついに医薬品にも売上の4.5%を課徴金として納付させる制度が薬機法に盛り込まれました。ノバルティスの高血圧治療薬ディオバンの論文不正事件を受け、これまでの罰金最高額200万円では、抑止にならないという判断です。症例紹介ブログにおいても、限定解除することで医薬品・医療機器の名称を記載することができますが、客観的根拠に乏しい効果効能を記載

【図表 4-1】課徴金納付命令のフロー

しないように気を付けてください。

　症例紹介ブログにおける不実証広告規制に対抗するために、平時の診療から記載内容を実証できるデータを揃えておく必要があります。患者背景をカルテに詳しく記載しておくことはもちろん、疾患ごと・術式ごとの治療件数や治療効果の追跡、症例写真や動画、患者さんのアンケートなど、消費者庁や自治体に指摘された際に客観的証拠となりえるものに関しては、いつでも提示できるように準備しておきましょう。

　昨今世界中で議論の的になっている個人情報の取扱いに関しても、情報の整理をしておきましょう。我が国も欧州の個人情報保護法に対応するため、2017年に個人情報保護法が改正されました。以前は5000件未満の個人情報を扱う事業者は法に従う義務がありませんでしたが、改正により全ての事業者が法律の対象になりました。また、個人情報を不適切に取り扱った場合、個人情報保護委員会による立入検査や勧告、命令などが行われることになり、個人情報を不正な利益を得る目的で横流ししたり、盗んだりした場合は1年以下の懲役または50万円以下の罰金が科されるようになりました。

　個人情報保護法では、ざっくり言うと、

a．個人情報を適正に取り扱い、漏洩しないよう体制を整備すること

b．プライバシーポリシーを対外的に公表すること

c．問い合わせ可能な窓口を確保すること

d．患者さん等に個人情報の利用目的を説明すること

が定められています。

b. の対策に関しては、旧来より日本医師会がプライバシーポリシーのポスターを配布し、院内掲示やホームページへの掲載を推奨していることから、多くの医院でこのフォーマットを使用したプライバシーポリシーが用いられていることかと思います。今回の改正により変更しなければならない点は特にないため、基本的には今のものをそのまま使う形で問題ありません。

ただし、新しく症例紹介ブログを始めるとなると、d. の利用目的に「ビフォーアフターの写真をホームページに掲載する可能性がある」旨を新たに追記する必要があります。規定では、通常必要と考えられる個人情報の利用範囲を院内に掲示していれば、患者さん側から明確な反対の意思表示がない限り、これらの範囲内での個人情報の利用について同意が得られているものと考えて差し支えないとされています。しかし、症例紹介ブログで記載する個人情報は通常の医療サービスから逸脱していると考えられるため、追記する必要があると考えるべきでしょう。

ここで、個人情報の定義について整理しておきます。個人情報とは、氏名、生年月日、その他記述を含む特定の個人を識別することができるものを指します。ここから情報に含まれる氏名、生年月日、住所、個人識別符号など、個人を識別する情報を取り除き、特定の個人を識別できないようにすることで個人の匿名化が可能になります。顔写真については、一般的には目の部分にマスキングすることで特定の個人を識別できないと判断されます。なお、2019 年 8 月に就職情報サイト「リクナビ」が、web の閲覧履歴を記録したクッキー（Cookie）をもとに就活学生の内定辞退率を分析し、本人の同意なく企業に情報を販売していた問題から、クッキーも個人情報に含める方向で個人情報保護法改正が進められています。

ビフォーアフター写真を用いた症例紹介ブログでは、たいてい個人の匿名化が可能です。よって、個人情報に当たらないため、利用目的に記載する必要が無いと結論付けたくなりますが、まだ続きがあります。法改正で新たに定められた「要配慮個人情報」を忘れてはいけません。要配慮個人情報とは「患

者の身体状況、病状、治療等について、医療従事者が知り得た診療情報や調剤情報、健康診断の結果及び保健指導の内容、障害（身体障害、知的障害、精神障害等）の事実」と定義されています。これに該当すると、情報の取得や第三者提供に原則として本人同意が必要になります。ビフォーアフターには詳しい治療内容を記載する必要があるため、症例紹介ブログは要配慮個人情報に該当する可能性が高いと考えられます。

　通常の医療サービスを行う目的で要配慮個人情報を取得する際には、改めて本人同意を行う必要はないと定められていますが、症例紹介ブログは本来の医療サービスの目的から逸脱していると考えられるため、患者さん本人の同意が必要になります。加えて、上述したプライバシーポリシーへの追記もしておくべきです。ただし、同意に関しては必ずしも文書で行う必要はなく、口頭でも電話でも構いませんので、診療時に口頭で確認し、念のためカルテに記録を残しておく運用をお勧めします。

　様々なルールが混在していますが、後々症例紹介ブログに掲載した際にトラブルにならないよう準備しておくことが重要です。詳しく確認したい場合は、個人情報保護法やガイドラインを基に、医院向けに分かりやすく説明した「医療・介護関係事業者における個人情報の適切な取扱いのためのガイダンス（平成29年4月14日発）」が公表されていますので、ご参照ください。

　2018年5月にEUで施行されたGDPRという新たなルールをご存知でしょうか？日本へのインバウンドの勢いが増す中、増え続ける訪日外国人の個人情報の取り扱いにどう対応していくべきか。今知っておくべき最新のリスク要因「GDPR」を紹介します。

　GDPR（一般データ保護規則）とはEUの31加盟国に適用された新たな個人情報保護規定です。元々EUには1995年に制定されたデータ保護指令という規則が存在し、この規格を元に世界中の個人情報保護法が制定されたという経緯があります。20年以上が経過し、AIによるビッグデータの活用が進む中、ヨーロッパ諸国は個人情報保護について主導権を握るため、世界に先駆け再度ルールを刷新しました。GDPRの特徴としては、自らの個人デー

タにアクセスする権利や、自らのデータを削除させる権利（忘れられる権利）、自分の個人データを管理する相手を自由に選べるデータポータビリティの権利などが盛り込まれたことが挙げられます。しかし、GDPRで最も注目されているのは違反した場合の制裁金です。最大2000万ユーロあるいは全世界の売上総額の4％のいずれか高い金額が課されるとあって、グローバル企業の大きなリスクになっています。これまでフランス当局がGoogleに対して課した5000万ユーロ（約62億円）、イギリスがBritish Airwaysに1億8300万ポンド（約246億円）、ホテルで有名なマリオットに9920万ポンド（約135億円）の制裁金を課したことが世界中でニュースになりました。

　主にGDPRの適用となるのは、EU圏内に拠点がある、もしくはEU圏内の人々にサービスを提供する場合で、その際に扱った個人情報はGDPRの規定に従って管理します。もしEU圏内に医療サービスを提供する、あるいは開発した健康食品などを越境ECで輸出するなどということがあるようなら、GDPRの適用を受ける可能性があるので注意が必要です。しかし、インバウンドで来日したEU圏内の観光客の個人情報についてはGDPRの適用外になりますので、訪日外国人が来院した場合にもGDPRを考慮する必要はありません。日本の個人情報保護法を遵守していれば特に問題ありません。

（2）症例紹介ブログ 2.0　攻めの対策

　守りの対策として、景品表示法と個人情報保護について対策を講じたところで、いよいよ攻めに転じましょう。攻めの対策として最初にお伝えしたいのが症例紹介ブログを書く際の心構えです。その心構えとはズバリ、**自分でブログを書くことにコミットすること**です。

　皆様は、患者さんに対してホームページで情報提供することにどれほど重きを置いているでしょうか。とても重要視して情報更新に努めているという方もいれば、ホームページ制作会社にお任せで全く更新していないという方もいらっしゃることでしょう。症例紹介ブログ2.0時代には、医師や看護師、理学療法士や臨床検査技師など、患者さんに関わっている方が自らブログを

書くことになります。なぜなら専門的な内容について、深掘りして書けるライターは極めて少ないからです。もしかしたら症例紹介ブログ2.0時代にはこういった症例紹介ブログを書く専門の医療ライターさんが増えているかもしれません。しかしそれでも私はご自身で書くことをお勧めします。

　弊社ではホームページを制作する上でライティングの支援もさせていただいております。医院概要だけでなく疾患紹介や治療に関する細かい内容に至るまで先生と協議しながら書いていきます。以前は先生からお聞きした話を元に、弊社で患者さん目線の下書きを行い、先生に清書頂くという進め方をしていました。今は逆です。大まかな記載内容の枠組みを話し合った後、まずは先生に下書きをしてもらい、弊社から患者さん目線の表現提案をさせて頂き、先生に仕上げてもらう手順で進めています。

　なぜわざわざ先生の手間を増やす方法に変える必要があったのでしょうか。それは、「らしさ」を文章に込めるためです。文章というのはどうしても初めに書いた人の空気感が残るものです。弊社で下書きした文章がいくら分かりやすいものであったとしても、患者さんへの想いが込められた先生らしい言い回しが欠けた文章にはある種の業者臭が漂います。そういった業者臭を患者さんは敏感に嗅ぎ取るものです。ホームページの文章の空気感が実際に来院した際の雰囲気と異なれば、患者さんは期待とのギャップを感じ想像と違ったという印象を持つでしょう。初診の患者さんと信頼関係を作っていく上でそんなマイナスイメージを持たれることは致命的です。多少分かりにくい文章だとしても、患者さんのためを想って書くメッセージは必ず患者さんの心に届きます。これまでの知見から弊社では、まず先生に書いてもらうことをお願いしています。

　さて、症例紹介ブログ2.0時代になり、治療事例が書かれているが当たり前であるという状況になると、患者さんも症例記事を読み慣れてきて、内容の質を判断できるようになってきます。自ずと更新量より1例1例の質が重視されるようになってきて、「この医院の治療事例は素人にも分かりやすくて、面白い」、「信憑性がある」、「ここで是非治療したい」という世論に変わ

り、集患に大きく影響することでしょう。そうなれば、普段の診療から症例紹介ブログを意識するようになり、「この患者さんは後々良い結果になりそうだ。早めの段階から詳細な記録を残しておこう」と医院側の意識も高まることでしょう。より信頼性の高い記事として Google に認識してもらうために、関連文献を調べ引用することも必要になってくるでしょう。こういった EBM（Evidence-based Medicine）的な意識を高く持ち、これを症例紹介ブログに落とし込む EBC（Evidence-based Contents）の時代がやってきます。自院サイトに信頼性の高いコンテンツを蓄積するために、エビデンスを積み重ねる意識を医院全体に根付かせましょう。

　症例紹介ブログ 2.0 時代を制するために、症例記事の質を高める EBC の心構えとともに重要なのが、信頼性の高いビフォーアフター写真を撮影することです。既に症例紹介ブログでアクセス数を劇的に伸ばしているある歯科では、研修の最初に医師や衛生士に教えることは、口腔内写真を綺麗に撮影する方法だそうです。実際この医院の症例紹介で使われる写真は、プロ顔負けの綺麗さです。このように美容医療サービスを提供する医院であれば、ビフォーアフター写真への意識が高いと思われますが、審美的なサービスを行っていない医院がいきなり綺麗な写真を撮ろうと思ってもなかなか難しいものです。もちろん撮っているうちにある程度上手くなるものではありますが、やはり一番の近道は卓越した撮影ノウハウを持つプロのカメラマンに教えてもらうことです。患者さんのどの部位をどの角度からどの明るさで撮影するべきか？　これらの条件は撮影場所に大きく依存するため、カメラマンに医院に直接来てもらい、スタッフとともに指南を受けることをお勧めします。

　ここで医療広告ガイドラインにおけるビフォーアフター写真の NG 事項を復習しておきます。

・あたかも効果があるように見せるために、撮影画像の加工・修正をしてはいけません。虚偽広告として扱われます。

・撮影条件や被写体の状態を変えるなどして効果や有効性を強調することは禁じられています。ビフォーとアフターをなるべく同じ条件で撮影し、患

者さんにも同じ状態になるように協力してもらう必要があります。あからさまに異なる場合には、誇大広告として扱われます。

・ビフォーのみ、アフターのみを掲載することも、閲覧者を誤認させるおそれがあるため禁じられています。

　これらのルールから、ビフォーアフターの写真を撮影する際には、明度や背景といった撮影条件を合わせるため、背景に何も映らない明るい場所を撮影場所として予め指定しておくことがポイントです。撮影部位にもよりますが、患者さんの角度を調整するためにも、撮影場所にテープ等で印をつけておくのもよいでしょう。ここに患者さんが来て、ここからこの角度でこの倍率で撮るという医院独自のルールを決めることです。この最も適した撮影条件を決める上で、プロの力が必要になります。自然光の入り具合や電灯により、写真写りは大きく変わります。綺麗な写真は症例紹介ブログのアクセス数に如実に反映されます。写真写りが悪ければ、患者さんに掲載を拒否される可能性もあります。ガイドラインのルール上、匿名化するための目隠しなどの処置や治療場所をわかりやすく指し示す矢印、スケールバーの設置を除き、撮影後の写真を加工・修正することは禁じられています。つまりホームページ制作会社に「撮った写真を綺麗にしておいて」と頼むことができません。症例紹介ブログ対策の一つとして、撮影ノウハウを身につけることが非常に重要であることをご理解頂けたでしょうか。

　そんな医院のノウハウの詰まった症例写真は、医院の財産です。故意・過失を問わず、写真が院外に流失しないように管理を徹底する必要があります。例えば、多くのスタッフが症例写真を撮る体制を検討した結果、スタッフ自身のスマホで撮影し、目線などを隠す加工を行い、医院の共有サーバーに集約させようと考えるかもしれません。しかし、そうなると症例写真の原本がスタッフのスマホ端末に残り続け、何かの拍子でデータが院外に流出する可能性が生じます。もし匿名化されていない患者さんの症例写真が流出してしまったら、医院にとって一大事です。原則、症例写真を撮影するカメラは固定し、それを共有して使用するという運用にしておくのが望ましいです。

また症例紹介ブログとして公開することで新たに生じるリスクがあります。悪意ある第3者に写真をコピーされ、流用されることです。個人情報保護法においても、事業者には個人情報の保護責任があります。もし安易にコピーを許し悪用されてしまった場合には、掲載元の医院は被害者ではなく、管理責任を問われ加害者と判断される可能性があります。そうならないためにも、公開する写真にできる限りの対策を講じましょう。最も簡単に盗用を防ぐ方法として用いられているのは、写真に医院のロゴ等を被せ、転用できないようにする方法です。この方法であれば、ホームページ制作会社にお願いすれば簡単に設置可能でしょう。あるいは最近ではコピー自体を全くできなくする技術も開発されています。症例紹介ブログは常に更新していくものですので、1枚1枚の写真にコストを掛けるのはあまり現実的ではありませんが、症例紹介ブログ2.0時代にはそういったサービスの活用も視野に入れ、医院の財産である症例写真を守っていかなければなりません。

　症例紹介ブログ2.0時代において、医院の財産となり得る症例写真はどのように撮り溜めていくべきでしょう？　ストックする写真があればあるだけ選択肢は拡がるわけですが、いざ症例紹介ブログに採用する写真は意図をもって厳選していく必要があります。症例紹介ブログだけでなく、サイト全体のSEOにも共通することなのですが、「自院としてどんな言葉で検索してもらいたいか？」言い換えると、「どのような言葉で検索されたときに上位表示を目指すのか」を明確に意識しておくことが重要です。二兎を追う者は一兎をも得ず。「地域のかかりつけ医を目指しているので、全ての患者さんに来て欲しい」という姿勢は本来の医療のあるべき姿なのかもしれませんが、ことwebにおいて、全方位戦略を行うことは難しいと言わざるを得ません。なぜなら、先生が想定する全ての疾患で1ページ目に表示させることは、1つの疾患を狙って最上位に表示させることより遥かに難しいことであるからです。狙うキーワードが多くなればなるほど、検索エンジンとしてもこの医院はどこに専門性があってどんな患者さんに役立つのかが判断しづらくなります。頑張った結果、全キーワードが3ページ目に表示されたとしても、ほとんど

アクセス数は期待できません。全ての患者さんに知ってもらいたいと願った結果、誰にも見てもらえないホームページになってしまいます。自院の強みを把握し、その強みがしっかり伝わる写真を撮ることを意識しましょう。

　webにおいては、選択と集中が鍵になります。初めは何種類かの治療法や疾患に絞って、ブログをアップしていくのがお勧めです。ブログのストックが貯まってきて、十分に自院の強みを説明できたならば、次は関連する治療法や疾患を紹介していってください。槍で言うところのまずは先端を突き刺し、その後回転させながら前に押し込んでイメージです。そうすることで強みを中心とした関連キーワードが相乗効果を生み、Webによる集患という壁を突き破ることができます。面積が広いハンマーで力任せに壁を壊すためには、相当の力が必要になるのと同じです。ただし、あまりにも似たような症例を出し続けると、閲覧者も飽きてしまいますので、説明の仕方を変えるなり、視点を変えるなりして、変化を付けることにも気を配ってください。

　また症例紹介ブログだからといって、ビフォーアフター写真だけしか扱ってはいけないという決まりはありません。清潔感を重視しているといった強みがあれば、空気清浄機やUV滅菌装置などを紹介してもいいですし、医院がスタイリッシュであるならば、ビフォーアフター写真の背景にこだわることも効果的です。私はホームページの写真撮影にもよく立ち会うのですが、医院の強みに繋がる箇所を見つけては、「これも撮って、あれも撮って」と細かく指示を出すので、カメラマンさんに煙たがられます。私は、ホームページの雰囲気と実際に来院した際のギャップを如何に失くすかに気を配ります。体調が悪くなって医院を探すとき、患者さんは不安な気持ちでいっぱいです。そんな不安な気持ちの患者さんがホームページに求めるのは、来院した際の雰囲気と安心感、そして自分に合っているかどうかです。格好をつけて人物が全く映っていない内観写真のみで構成されたホームページを見かけることがありますが、全くもって患者さんのニーズが分かっていないと言わざるを得ません。誰のためのホームページなのかを考えてください。もちろん集合写真だけでなく、日常の診療風景を切り取ったような写真を多く掲載

するべきなのは言うまでもありません。弊社で写真撮影する際は、なるべくダミーの患者さん役を立て、医師はもちろん看護師や受付のスタッフにも協力を仰ぎます。患者さんが見たいのは「いつもの医院」だからです。「この医院に来院したらこんな雰囲気で治療してくれるんだ」と安心してもらえる写真でなくてはなりません。願わくは初来院の際に、「あれ？この医院、なんか来たことある気がする。初めてのような気がしない」とデジャヴを感じる程の体験をホームページで作りたいと思っています。そんな治療の追体験をしてもらえるのがまさに症例紹介ブログです。是非患者さんの立場に立って、知りたいことがわかる写真を掲載してください。その意識は必ず患者さんに伝わります。

　写真同様、症例紹介ブログの内容についても、ビフォーアフターに関わる治療の説明だけしか書けないというルールはありません。むしろ治療内容の基礎的な知識がない読者にとって、いきなりビフォーアフター写真で行われている治療内容を解説されても理解できない可能性があります。対象疾患の基礎的な説明を行い、なぜこの治療を行う必要があったのか、どんな効果を期待したのかといった治療背景を分かりやすく説明した上で、ビフォーアフター写真による症例紹介に入るという流れが親切です。ただし、説明が長くなるから順を追って毎日少しずつ書こうとする場合にも注意が必要です。こちらが順番に説明しているつもりでも、読み手は必ずしも順番に読んでくれるとは限りません。むしろ症例紹介ブログという特性上、自分の症状に近いと感じた症例のみ読む可能性が高いです。そういった可能性を加味して、前提となる知識がないと理解しづらいと感じる箇所には、その内容を説明したページのリンクを貼付し、ブログ内容の補足をしながらストーリーを進めましょう。このやり方は、閲覧されたページ数が多い程評価されるという現在のSEO対策にも合致しています。

　ブログを書く上で常に意識すべき重要なことは、医院が患者さんに伝えたいことを書くのではなく、患者さんの立場になって、患者さんが知りたいであろうことを書くことです。この治療を行うことで患者さんにどんなメリッ

トがあるのか、副作用はないのか、どのくらい時間がかかるのか、腫れはどれくらいで引くのか、晩にはお風呂に入っていいのか、そういった診療時に患者さんからよく聞かれる質問を思い出して、ブログに盛り込むことが、患者さんを惹きつけるポイントです。そして、繰り返しになりますが、不特定多数の読者一同に向けて書くのではなく、この治療法を行うことで QOL が向上すると考えられる「あの患者さん」に向けて書いてください。そうやって特定の誰かをイメージすることで、より細部まで患者さんのニーズを深掘りして書けるようになります。決して上手い文章を書く必要はありません。読み手が知りたいのは、医院の日常であり、いつも通りの先生の言葉です。いつも診療で患者さんに語り掛けるように丁寧に書いてあげてください。

　ブログというからに、継続して書き続ける必要があります。しかし、多忙な先生方にとって、症例紹介ブログの負荷は相当なものです。だからといって全く専門知識がない事務スタッフに代筆させる訳にはいかないと思うかもしれません。確かに治療に関わる症例紹介ブログは医師以外がそうそう書けるものではありませんが、清潔感や医院の混雑状況、来院の際の注意、お問い合わせに多い事項など、医院に関わるブログは意外に書けるものです。症例紹介ブログ 2.0 時代を見据えて、早めの段階からスタッフを含めた多くのメンバーでブログをかき回せるような体制を整えておくことが継続してブログを続けられるコツです。なお、複数名でブログを書く場合、**どの記事を誰が書いたか明示してください**。読み手にとっての信頼という面だけでなく、SEO 上も著者を明示することで評価が高まります。

（3）さあ症例紹介ブログを始めよう！

　症例紹介ブログ 2.0 時代を戦うために、私の集患戦略家としての経験から攻めと守りのヒントをたっぷりと述べました。正直、少しハードルを上げ過ぎたかもしれないと感じるところはありますが、これだけノウハウがあれば症例紹介ブログ 2.0 時代になっても心配しなくて済むはずです。私は今後、間違いなく症例紹介ブログの影響力が増していき、ホームページ対策は症例

紹介ブログのみで十分という状況にもなりかねないと予想しています。なぜなら症例紹介ブログが Google アルゴリズムに基づいた根本的な対策を押さえているからに他なりません。ガイドラインが再度改正になり、やっぱりビフォーアフターは全面 NG ！とならない限り、遅かれ早かれ症例紹介ブログ2.0 時代はやってきます。

　ブログはすぐに書けるようにはなりません。撮影技術の習得や患者さんへの同意説明も必要です。今ここで「症例紹介ブログを始める」ことを決め、早速準備に取り掛かってください！

5. 集患戦略家による「医療サービスの幅を拡げる」提案

　弊社では現在、ホームページ制作を始め、開業支援や広告代行、患者背景分析から戦略策定にわたる集患支援を行っています。また医療のみに留まらず、医師監修の健康食品サイトの構築、医師とともに行う健康食品開発や臨床試験の実施サポートまで、多くのサービスを提供しています。これらは全て創業時から私が掲げる「医療に従事する方々の活動の幅を拡げたい」という目的に繋がっています。

　自院の患者さんに対する医療サービスの充実に全ての情熱を傾けることは、大変尊く素晴らしい信念だと思います。しかし、私は皆様にさらに活動の場を拡げて頂き、地域社会の様々な領域で専門性を発揮して欲しいと考えています。もちろん私が提案すべき立場にないことは重々承知でございますが、せっかくの機会ですので一つの意見としてお聞き頂ければ幸いです。

　今は情報発信一つとっても、ホームページやブログ以外に Facebook やLine、Instagram、Twitter 等の SNS、YouTube に代表する動画等で自身の意見を周知する手段が増えています。これらのコミュニケーションツールを活用し、Web 上で活動の場を拡げるという方法もあれば、患者さんに集まってもらい疾患の理解を深めてもらうセミナーや市民講座を開催するといったクラシカルな方法もあります。また大学と共同研究を行い、その結果を学会

やプレスリリースで発表したり、医薬品の治験や弊社でもサポートしている健康食品の臨床研究に参加したりして、医学専門家として商品開発に関わるという方法もあります。

　こういった普段の診療以外に医療活動の場を拡げることが、皆様の知見と人脈をさらに拡げ、望む望まざるにかかわらず、さらなる集患に繋がっていくと考えています。言うまでもなく医療サービスは、技術以上に患者さんへの関わり方や思いやりといったマインドが重視されるファンビジネスです。ファンビジネスの鉄則は、可能な限りファン（患者さん）の接触頻度を増やすことです。本書で言っていいことと言ってはいけないことを判断できるようになった医療人の方々には是非とも、活動の場を拡げ、多くのメディアや現場で情報発信する機会を増やしてほしいと願っています。より多くの人に関わることで、自分が本当に伝えたいことに気付くことでしょう。

　さらに活動の場を拡げることの近視眼的なメリットとして、前述したGoogle アルゴリズム更新の影響があります。アルゴリズムが更新されたことで、政府や学会、大学、マスコミなどの外部サイトからリンクが貼られているかどうかという「権威性」が SEO に大きく影響することになりました。通常の診療に集中していたのではなかなかこれらのサイトからリンクを獲得することは難しいですが、共同研究したり、学会発表したり、臨床試験に携わることでチャンスを得られるかもしれません。また様々な SNS やメディアに情報発信することで、著者の Web 上の評価が高まり「信頼性」があがると言われています。このように自院のホームページを上位表示させるためにも、医療活動の幅を拡げることが役立ちます。

　医療活動の幅を拡げる一つの取り組みとして、昨今医院での取り扱いが増えてきた健康食品について、掘り下げて解説したいと思います。2016 年に厚生労働省より通知された「医療機関におけるコンタクトレンズ等の医療機器やサプリメント等の食品の販売について」にて、これまで医療業界でグレーと疑われていたコンタクトやサプリメントの販売が、白であり問題ないと改めて周知されました。カルテに「療養の向上を目的とする」意図である旨を

記録することで、混合診療にも該当しないことが分かり、診療科を問わず、医師もしくは栄養士が栄養指導を行うサプリメント外来が増えています。

　ちなみにこの「サプリメント外来」という言葉は、診療科名と区別がつきにくく患者さんが間違えてしまう可能性があるという理由から、限定解除をしない限り、広告することが許されていません。よってこの場合は「栄養指導」あるいは「サプリメント指導」と表示するのが良いでしょう。

　話を戻しますが、数年前から西洋医学だけに固執せず、東洋医学や栄養指導を通して食生活の改善を促す統合医療が浸透してきたように思います。国としても医療費の削減を推し進めるため2015年に新しく**機能性表示食品制度**を作り、予防医療の浸透を図っています。

　しかし選択肢が増えることで、一般の方にとって自ら判断し選ぶことが難しくなっていることも事実です。特に「**いわゆる健康食品**」と呼ばれる、法規制を無視して効果・効能を記載している食品が社会に混乱を引き起こしています。ただ効かないというだけであれば、損したぐらいの経済的損失で済みますが、中には医薬品成分を含むものや全く安全性が確かめられないまま販売されてしまっている商品もあり、年間20件程度の健康被害が消費者庁に報告されています。

【図表4-2】 いわゆる健康食品による健康被害

	16 年度	17 年度	18 年度	19 年度	20 年度	21 年度	22 年度	23 年度	24 年度
報告件数	36	39	15	30	26	23	16	20	10
製品数	41	58	17	42	33	40	19	25	12
肝機能障害	11	13	2	10	11	8	7	5	1
発疹等皮膚症状	6	11	3	4	2	5	6	8	7
消化器症状 (下痢、腹痛、嘔吐等)	11	9	7	9	10	10	1	6	5

（注：24年度は10月末までのデータ）

（出典：H27.3.25 国立健康・栄養研究所「健康食品における安全性について」）

　こういった状況を改善していくためには、違法広告を消費者庁が厳しく取り締まるか、販売側がしっかりとルールを理解し、倫理観をもって販売するかしかありません。もちろん消費者への啓蒙活動を盛んに行い、知識レベルの向上を促すという方法もありますが、騙されて買った方が悪いという世の中ではいけません。販売者側が責任をもって売らなければなりません。

　ここでは、制度開始以降、名前は聞いたことあるけど、どのようなものかは知らない方が多い**機能性表示食品**についても説明します。前述の通り、景品表示法の不実証広告や課徴金制度は、医療広告ガイドラインよりはるかに厳しい罰則になっています。所詮食品だからと甘く見ると、大変なことになります。把握しておいて損はありません。

　認知度8割ながら、説明できる人は少ない機能性表示食品とはどういうものでしょう？

　「おなかの調子を整えます」「脂肪の吸収をおだやかにします」といった機能性を表示することができる食品は、これまで特定保健用食品（トクホ）か栄養機能食品に限られていました。しかし、トクホを取得するためには必ず臨床試験の実施が必要であり、莫大な時間とお金がかかるため、中小企業には手が届かない制度になっていました。そのためトクホ取得を諦めた中小企業による、なんの認可もなく勝手に健康保持増進効果等を表示する「いわゆる健康食品」が流通し、健康被害に繋がるなどの問題が生じていました。これを受け、消費者庁は2015年4月に「機能性表示食品制度」を作り、機能性を有する健康食品市場に中小企業が参入できる環境を整えました。

【図表4-3】 食品の類型

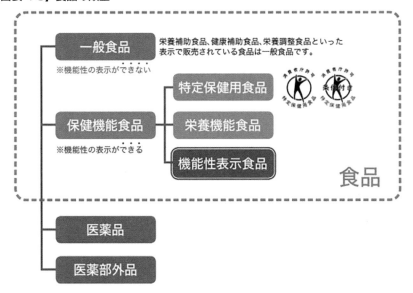

(出典：消費者庁ホームページ「消費者の皆様へ「機能性表示食品」って何？」より抜粋)

機能性表示食品制度の特徴

①未成年者、妊産婦を除く疾病に罹患していない健康な方を対象とした食品です。

②生鮮食品を含め、アルコールを除くすべての食品が対象です。

③安全性や機能性の根拠を示す資料を消費者庁に届出し、受理された後販売が可能になります。

④トクホと異なり、国が認可したものでなく、あくまでも事業者の責任において販売する食品です。

⑤届出された情報は、消費者庁の公式サイトで公開され、一般消費者はいつでも確認できます。

機能性表示食品は、トクホと違い、国に認可されたものではないため、ト

クホマークのような認可マークはありません。機能性表示食品制度が誕生した際にはこのマークがないため、一般消費者に受け入れられないのでは？とも心配されましたが、なんのことはなく今では2500商品を超え、機能性表示食品市場はますます活況を呈しています。一般消費者は、マークどうこうよりもどういう効果があるのかという機能性を評価したといえます。しかしその一方で、機能性表示食品という言葉の認知度とは裏腹に、制度がどのようなものかは知らないという層が60％を占めており、正しい知識の啓蒙が必要とされています。

　機能性表示食品の届出には、安全性と機能性の根拠を示す資料の提出が求められます。トクホでは臨床試験によるデータが必須ですが、機能性表示食品は臨床試験を実施するか、あるいは機能性の根拠の基になっている成分に関する過去の研究論文全てを評価しレビューする「研究レビュー」の提出によっても、届出が認められます。そして、現在届出されている機能性表示食品の実に90％以上が研究レビューによる届出になっています。しかし当たり前のことですが、研究レビューを作成するためには、その成分に関する査読文献が既に存在していなければなりません。つまり、まだ論文がない新しい成分で届出を行うためには、予め臨床試験を実施しておく必要があります。そういった経緯から、昨今健康食品の臨床試験ニーズが高まってきています。

　健康食品の臨床試験は医薬品の治験に比べると、1件当たりの予算が少ないため医院経営に与えるインパクトはそれほど大きくありません。しかし、その分敷居も低く、通常診療への影響が少ないことから最近では臨床試験に参加する医院が増えてきています。同様に民間の倫理審査委員会も増えているため、今後医学専門家として審査委員の要請を受ける機会が増えるのではないでしょうか。臨床試験に関わることで、患者さんに提案する選択肢が増えるのもメリットの一つと言えます。今後益々市場が拡大する機能性表示食品を押さえておいて損はありません。

　医療業界の健康食品に対する意識は大きく変わってきています。以前は「健康食品なんか」といった風潮が少なからずあったように感じますが、最近は

統合医療の考えが浸透し、通常診療でもサプリメントを勧めるという医師が増えてきました。特に機能性表示食品制度ができてからは、「睡眠の質の向上」や「認知機能の維持」、「目のピント調節機能の維持」など医薬品を補い、患者さんの日常生活のQOL改善に役立つ提案が可能になりました。栄養指導の一環として検査と併用し、患者さんに適したサプリメントをオーダーメイドで組み合わせるといった取り組みをされている医院もあります。このように未病の段階から健康をフォローしていく関わり方は、患者さんが求めるこれからの医院のあり方なのかもしれません。

　こうした取り組みを続けるうちに、自院の患者さんが必要とする栄養成分の傾向が見えてくる場合があります。例えば婦人科における更年期症状に対する成分を含んだサプリメントは、医科向けサプリとして非常に購買ニーズが高いことで知られています。こういった成分にビタミンやミネラルを配合した独自のサプリメントを開発することも難しくなくなってきました。臨床現場のニーズをとらえた医師監修サプリは、患者さんの信頼性も高く、食品メーカーも開発に積極的です。こういった話題はプレスリリースとしても取り上げられやすいため、Googleアルゴリズムの権威性対策にも役立ちます。同様に、健康食品を販売する食品事業者にとってもGoogleアルゴリズム変更は大きな影響を与えました。特にこれまで健康食品の主な販売ルートとして活躍していた個人のアフェリエイトサイトが、アルゴリズム変更で壊滅的な被害を受けたため、健康食品事業者は今E-A-T（専門性・権威性・信頼性）が高いサイトの制作に頭を悩ませています。医学専門家による監修はE-A-Tを高める有効な手段の一つです。医療従事者による活躍の場は拡がるばかりだということがご理解頂けたでしょうか。

第5章

あはき柔整に対する
新広告ガイドライン策定の
取り組み

1. あはき柔整広告ガイドライン制定のきっかけ

　全国の 10 万人を超えるあん摩マッサージ指圧師・はり師・きゅう師・柔道整復師（以下、あはき柔整）ならびにその業界関係者の皆様、お待たせしました。続いて、今一番ホットなあはき柔整の広告規制に関して紹介します。あはき柔整の広告規制に関しては、医療広告ガイドラインが施行になった 2018 年 6 月当時、「鍼灸や柔整も医療広告ガイドラインに含まれる」といった情報が SNS 上で拡散され、業界関係者に混乱をもたらしました。しかしその噂は全くの虚偽であり、医療広告ガイドラインにあはき柔整が含まれることもなければ、組み込まれる予定も一切ございません。ただし現在、医療広告規制をベースに新しいあはき柔整の広告規制を作成するという方向で準備が進められており、全く関係ないということでもありません。今のうちに医療広告ガイドラインを勉強しておき、**あはき柔整広告ガイドライン**（仮称）対策の準備をしましょう。

　さて、ではなぜあはき柔整でも広告ガイドラインを作ろうという流れになったのでしょうか？公式には、医療広告ガイドラインの見直しを受け、あん摩マッサージ指圧、はり・きゅう療養費検討専門委員会が社会保障審議会医療保険部会に提出した 2018 年 4 月 23 日の提案書が発端になったとされています。しかし、私はさらに遡り 2017 年 10 月に開催された第 6 回医療情報あり方検討会における「あはき法にも同様の枠組みを制定するべき」という議論からスタートしたのではないかと考えています。つまり、医療広告ガイドラインが固まる前から、これをベースにあはき柔整の広告ガイドラインも策定しようという考えが厚生労働省内にあったと推測しています。

　こういった背景から、2018 年 5 月 10 日に始まった「第 1 回あん摩マッサージ指圧師、はり師、きゅう師及び柔道整復師等の広告に関する検討会（以下、あはき柔整広告検討会）」では、6 回程度の検討会を行い、2018 年末にはあはき柔整ガイドライン案を策定したいと述べられています。おそらく医療広告ガイドラインをベースに作れば早く終わるだろうと高を括っていたの

でしょう。しかし、そのアテは脆くも崩れ去ります。そもそも元々広告ガイドラインが存在しない中、あん摩マッサージ指圧師、鍼灸師、柔道整復師という近いようで近くない業界の代表を集めて、そう簡単に話がまとまるわけがありません。ここにさらに医師、保険組合、自治体、厚生労働省の主張と思惑が絡まり合い、激しい陣取り合戦の中、あはき柔整広告ガイドラインの策定が行われています。今後案が発表になり、パブリックコメントが募集され、確定版が公布され、その後施行になるまで、暫く猶予があります。医療広告ガイドライン同様、あはき柔整業界を一変させる可能性を秘めているあはき柔整広告ガイドライン。その検討会が今まさに進行中なのです。

　この章では、広告規制の現状を元に、どういった問題点を広告検討会で整理しなければならないのか、またその話し合いから見えてくる新しいあはき柔整広告ガイドラインの全容と制定後の業界の変化などについて、考察します。

　あはき柔整の広告ガイドラインがないからといって、これまであはき柔整に関する広告制限がなかったわけではありません。それこそ「あん摩マッサージ指圧師、はり師、きゆう師等に関する法律（以下、あはき法）」は医療法が制定される前年の1947年、柔道整復師法は1970年に制定されており、古くから広告可能な事項が定められています。問題なのはその後です。1999年に一部改正があったものの、基本70年前の法で定められたルールが未だに変わっていないのです。もちろんそんな時代にインターネットは存在していません。そのため広告対象としてグレーであり続けているホームページには、「No.1」「保険取扱店（医師同意の記載なく）」「交通事故専門」といった表現が並び、何でもあり状態です。一応、法上では「何人も、いかなる方法によるを問わず」決められた事項以外を広告できないと定められているものの、そもそも何をもって広告と定義するかが決められていない以上、取り締まりすることは困難です。

ここで現状の両法における広告可能な事項を整理しておきます。

あはき法

・あん摩マッサージ指圧師、はり師、きゅう師である旨

・あん摩、マッサージ、指圧、はり、きゅうといった業務の種類

・もみりょうじ、やいと、えつ、小児鍼（はり）

・施術者の名前、住所および施術所の名称、電話番号および住所、駐車設備

・施術日、施術時間、休日または夜間の施術

・予約や出張の可否

・保健所に開設を届出した旨

・医療保険療養費支給申請ができる旨（医師の同意が必要な旨を明示）

※ただし、施術者の技能、施術方法または経歴に関する事項は記載できない。

柔道整復師法

・柔道整復師である旨

・ほねつぎ（または接骨）

・柔道整復師の名前、住所および施術所の名称、電話番号および住所、駐車
　設備

・施術日、施術時間、休日または夜間の施術

・予約や出張の可否

・保健所に開設を届出した旨

・医療保険療養費支給申請ができる旨（脱臼または骨折の施術については、
　医師の同意が必要な旨を明示）

※ただし、柔道整復師の技能、施術方法または経歴に関する事項は記載でき
ない。

　さすが70年前に定められたルールだけあって、とてもシンプルです。こん
な内容しか書けないのに、どうやって10万人以上の施術者は差別化するので
しょう？答えは簡単です。「いわゆる健康食品」同様、ルールに従わない人が

増え続け、取り締まりが追い付かなくなり、ルールが形骸化してしまったのです。こういった現象に対して、「ルールを破るなんてけしからん！」論の声が大きくなりがちですが、そもそもルール自体が社会に適合しておらず、無茶であったとも考えられます。現にそういった面があるからこそ、取り締まる側もやむを得ないという気持ちになってしまい、結果ルールを守っている人が損をするという状態が作られてしまいます。簡単ではありませんが、ルールには社会の変化に合わせて随時更新していく柔軟性が必要なのです。

2.　自治体における今の指導状況からガイドラインを予測する

　あはき柔整に関する広告指導状況は各都道府県によって微妙に異なります。ルールがシンプル過ぎるばかりに、細かい点の判断基準が現場に委ねられてしまっており、反発する施術者に対し思うように取り締まりが進んでいないのが現状です。ここで 2017 年 5 月に各都道府県、特別区、保健所設置市から集められた実態調査のデータを元に、現在の広告規制の詳細を紹介します。これらはあくまでも広告ガイドラインが制定されるまでの間の目安に過ぎませんが、今の指導状況をベースに新しいガイドラインが作られ、ここで回答した方々が引き続き指導を進めていくわけですから、とても参考になる情報です。

　出典は「第 1 回あん摩マッサージ指圧師、はり師、きゅう師及び柔道整復師等の広告に関する検討会」で使用された資料 3「あはき、柔整施術所等の広告に関する実態等」より引用・抜粋しました。

①施術所に関する広告
　予約のみの場合にはその旨を記載すること、出張可能な範囲を記載すること、「東洋医学」や「伝統鍼灸」等の認められていない業務を記載しないよう指導している。ロゴマークの他、ホームページの URL や QR コード、施術所の外観写真の使用可否は各県で対応が異なる。

②施術所名

　単に「○○療院」「○○治療所」といった医院と間違えるおそれのある名称、はり科といった「科」の使用、流派その他の技能経歴を含めた名称は、明確に使用不可。それ以外にも、原則施術者の「性」と「業態」を含めた名称で、「医」「医療」「リハビリ」「クリニック」「メディカル」「センター」「研究」「美容」「整体」「漢方○○院」「リラクゼーション」「コンディショニング」「カイロ」「○○骨盤」「腰痛」「訪問」「○○アスリート」「○○スポーツ」「レディース専門」「トータルボディー」「介護予防」「保険診療」「整骨」等を使用しないよう指導している。

③施術者等に関する広告

　施術者の技能、施術方法または経歴に該当する、所属学会名、得意分野、経験施術数、効果効能、あはき柔整以外の保有資格などを使用不可として指導している。施術者の顔写真や院長等の肩書、挨拶分などは各県で対応が異なる。

④施術日、施術時間に関する広告

　診察日、診療時間といった「診」の字は医療機関と間違えるおそれがあるため、指導対象としている。

⑤保険の取り扱いに関する広告

　医師の同意が必要である旨をしっかりと明記せずに、さも全ての「各種保険取扱」「母子乳幼児医療費助成」「保険証使えます」といった表現について指導している。保険が使える条件を併記すべきである。

⑥適応症、効果・効能に関する広告

　適応症、効果効能は全て広告不可。「肩こり」「腰痛」「スポーツ障害」「更年期障害」「花粉症」「不眠」「ダイエット」「骨盤矯正」「巻き爪」「○○治療」「○○の予防」「交通事故専門」「腰痛専門」といった表現の他、身体の部位のイラ

ストやビフォーアフター、施術の流れを指導対象としている。

⑦料金に関する広告

　料金の記載は広告不可。「○回○円」「初回無料」「学生○円引き」「ワンコ
イン」といった表現の他、割引クーポンの配布や粗品プレゼントも指導対象。

⑧その他の広告

　○○機械導入、個室完備、キャッチフレーズ、患者さんの体験談、キッズ
ルームあり、カード払い可能、出版している本の広告なども指導の対象とし
ている。

⑨あはき柔整以外の施術所に関する広告

　一方、あはき柔整以外の国家資格を有さない施術所に対する広告規制が存
在しないことも問題であるが、「マッサージ」「○○整骨院」「治療センター」
「レーザー脱毛」といった有資格者と誤解される広告は指導の対象としている。

　真っ当に取り締まりが行われると、かなり厳しくなってしまう状況が伺い
知れる調査であり、あはき柔整広告ガイドライン制定の必要性を強く感じる
次第です。また⑨に挙がっているように、国家資格を有さないあはき柔整以
外の施術所に関しては、広告規制がないため、野放しになっている状況です。
新しいガイドラインでは整体やカイロ、リラクゼーションといったその他施
術所に対する規制を整えるのも大きな目的となっています。

3. あはき柔整広告ガイドライン策定の展望

　現在策定中のあはき柔整広告ガイドライン（仮称）は、これまでの医療広
告ガイドラインや旧ホームページガイドラインをベースに検討されていま
す。例えば、広告規制における原理原則やその責務、広告の定義、広告の禁

止事項は旧医療広告ガイドラインや旧ホームページガイドラインが参考にされ、自由施術の記載には新医療広告ガイドラインの限定解除条件が採用されることになりそうです。その上で、現在の指導対象として問題に挙がっているあはき柔整特有の条項が追加される見通しです。例えば、施術所の名称に医療機関と誤認するおそれのある表記の禁止や施術時間の表示に「診」の字を使わないこと、患者さんが分かりやすい保険の取り扱いに関する表記、あるいは適応症や効果効能の記載可否、料金の記載などが挙げられます。

旧ガイドラインから広告の定義を持ってくるとなると、**広告の要件に「認知性」が含まれることになってしまい、ホームページが広告規制の対象にならなくなります。**あるいは、禁止事項に「客観的事実であることを証明できないもの」が含まれることにより、施術効果の記載を行うこと難しくなるおそれがあります。施術効果の記載ができないということは、即ちビフォーアフターが掲載できないということになりますので、症例紹介ブログも実施できなくなってしまいます。それ以前に、そもそもホームページが広告規制の対象にならないのであれば、あはき柔整広告ガイドライン自体が形骸化していくという可能性もあり得ます。

そして、忘れてならないのが広告ガイドラインを制定する上で最も重視されている、無資格施術者（あはき柔整広告検討会では、「**非医業類似行為を業とする者**」と呼称しています）への広告制限です。検討会にこれら施術者の代表が参画していないことからも、あはき柔整施術者より厳しく制限される可能性があると予想しています。決して非医業類似行為を業とする者の味方をするわけではありませんが、もし新しいあはき柔整広告ガイドラインに異議を唱えるとしたら、案発表後のパブリックコメントしかその機会はありません。あはき柔整広告ガイドライン施行後も、今までのように自由に広告ができると考えている方々がいらっしゃるのであれば、直ちに考えを改め、今からでもできる対策を講じておくことをお勧めします。

当初、全6回の広告検討会でガイドラインができ上がると踏んでいた厚生

労働省の思惑は大きく外れ、各施術団体の代表がポジショントークを展開する検討会は大荒れの様相を呈しています。医師 vs 消費者団体 vs 厚生労働省という力関係がはっきりしている医療情報あり方検討会とは異なり、保険の取り扱いのために医師の同意が必要なあはき柔整業界は、医師会の顔色を窺いながら、保険組合や自治体としのぎを削り、少しでも広告範囲を拡げて、非医業類似行為を業とする者との差別化を図ろうと必死です。それぞれの立場により、それぞれの正義があるのは当然です。同様にどの意見が間違っていて、どの意見が正しいと感じるかは受け手の立場次第です。ただやはり線は引くべきであると私は考えます。ルールがあるからこそ、秩序が保たれ差別化できるのです。現在の形骸化したルールを元に自治体が各々の判断で取り締まるというのは不公平であると考えます。最終的には厚生労働省によって、広告の原理原則に立ち戻ったガイドラインが制定されることになるはずです。そこに各施術団体の思惑がどれくらい盛り込まれるかは、残りの広告検討会の行方次第です。

　そんな状況の中、私達ができる準備はあるのでしょうか。新しい広告規制に沿ってリニューアルするとしたら、広告できなくなるサービスはあるか。広告ができなくなってもそのサービスは成り立つか。あるいはそれ以外の広告可能なサービスだけで競合施術者と差別化を図れるか。既に施行されている医療広告ガイドラインを元に、現状のサービスの広告可否を整理し、今後の経営戦略を考えておくことが重要です。医療広告ガイドラインの歴史を振り返ってもわかるように、あはき柔整広告ガイドラインも確定するまでどう転ぶかわかったものではありません。幸い本書ではこれまでの旧ガイドラインについても、詳しく紹介してきました。例え、現在の方向のまま旧ガイドラインを参考にした広告ガイドラインになっても、はたまた寸前で大どんでん返しが起き、ホームページが広告扱いになっても、本書の読者であれば焦らず対応できるはずです。

　さらにホームページだけでなく、看板や掲示物等の更新も必要になります。ホームページと違い、簡単に更新できるわけではないため、今から資金面で

も準備を進めておきましょう。また広告検討会の情報を元に、現時点で取り締まりが厳しく行われている地域の施術所を見て回るというのも、ガイドライン制定後の状況を予測する備えになるでしょう。

第6章

医療広告ガイドライン改正で
日本の医療が変わる

1. ガイドライン対策と Web 対策は同時並行で行うべき

　本書の総括に入ります。2018 年 6 月に施行された医療広告ガイドラインの改正により、医療広告ガイドラインとホームページガイドラインが合併になり、ホームページが広告の一部として医療広告ガイドラインの中に組み込まれました。これによりホームページへの記載内容は制限され、従わない医院を自治体が取り締まれるようになりました。その一方で限定解除という救済措置により、これまで認められていなかった治療効果の記載や自由診療、未承認薬など様々な表現が解禁になりました。また治療内容や効果に関する体験談が禁止になったことで、検索上位に蔓延っていた偏った口コミサイトやランキングサイトが一掃されることになりました。まさに医療広告ガイドラインの改正を機に、医療機関同士の公平な競争が始まったと言えるでしょう。

　時を同じくして 2017 年末以降、医療・健康業界を振り回し続けているのが Google のアルゴリズム変更、またの名を医療健康アップデートです。この Google の新たなルールを攻略するのに必要な E-A-T（専門性・権威性・信頼性）の条件を満たすためには、専門的でありかつキャッチーな EBC（Evidence-based Contents）が大量に必要です。しかし、ホームページ制作会社、個人ブロガー、アフェリエイターを始めとする代理店にはこのミッションをクリアーできる人材が足りていません。医院が自らなんとかする必要があります。そこで、医院にはビフォーアフターを活用した症例紹介ブログを始めることを提案しました。症例紹介ブログであれば、日々の診療の延長線上で実施できる上、E-A-T を満たした EBC を継続して作り続けることができるためです。しかし、質の高い症例紹介ブログを問題なく継続するためには、患者さんとスタッフの協力が不可欠です。症例紹介ブログ 2.0 時代に向けて、今すぐ準備を進めましょう。

　本書を読み終わり、「医療広告ガイドラインの改正により、これまでより制限が厳しくなったように見えて、実はむしろ緩和しました。」という冒頭

の私の言葉が真実であったことをご理解頂けたでしょうか？その一方で、ガイドラインを知らない方や一部しか理解していない方にとっては、今後取り締まりが厳しくなるにつれ、ますます追い詰められるように感じられるかもしれません。実際、もし限定解除の例外が認められていなかったとしたら、ホームページの運用はかなり手詰まりになっていたように思います。今となっては笑い話ですが、2017年半ばまではその方向性で検討されていたのですから、一歩間違えれば危険な状況だったわけです。しかし、結果的にはそこから半年間で一気に緩和の方向に議論が進み、今の新ガイドラインに落ち着きました。2015年からこの医療広告ガイドラインの改正経緯を見守ってきた私としては、少々大袈裟ですがここに日本の医療のターニングポイントがあったのではないかと思っています。この医療広告ガイドライン改正によって、日本の医療は変わったと後々語られることになるかもしれません。最後にそんな今後の医療の未来予測をしてみたいと思います。

2. 医療広告ガイドライン改正で日本の医療が変わる

　近い将来、多くの医療機関で症例紹介ブログを書くことが当たり前になる「症例紹介ブログ2.0時代」が到来することは既にお話しましたが、その時代には治療効果の記載に必要な根拠データの収集が医院の主要な業務の一つになっていることでしょう。医師だけでなく、医院全体で如何に自院のアピールに繋がるエビデンスを集められるかに注力することになります。もちろんスタッフにも専門性の高い症例紹介ブログを書くことが求められます。専用の医療ライターを雇用する医院も現れるかもしれません。それぐらいエビデンスを文章に落とし込んで、ストックすることの価値が高まると思われます。

　現在エビデンスの高い画像診断と言えば、CTやMRIの画像ということになりますが、これらの画像診断のほとんどをAIに任せるようになるのは、時間の問題です。しかし、AIには画像診断の精度を高めることはできても、その診断をどのように患者さんに伝えるかというマインドの部分の判断は難

しいでしょう。陰影の有無は AI に任せ、技師さんには結果を分かりやすく説明するためのノウハウやカウンセリングに必要な心理学的能力が求められます。

　一方症例紹介ブログでは、インスタ映えならぬビフォーアフター映えする写真を撮る能力が重宝されます。小さい頃から写真に親しんでいる若い人にとってはチャンスですが、日頃写真を撮る習慣のない中高年の方がいきなりやろうと思っても難しいものです。そういった写真を撮れる人材を確保することが、今後の病院経営にとって課題になります。さらに苦労して撮った質の高い症例写真を簡単に盗まれないよう、セキュリティー対策に目を光らせる必要があります。ホームページ上で公開している写真をコピーガードする技術が今後飛躍的に発展していくことになるでしょう。こういった最先端技術にアンテナを張っておくことを意識してください。また、撮った写真を選定して必要な記載条件を整理していく作業にも時間がかかります。これまでこういった作業はホームページ制作会社に委託していたかもしれませんが、今後は頻度と数が多くなります。日常的に撮って日常的に UP するといったペースでやっていかなければ、競争力はどんどん低下し、競合他院に置いて行かれてしまいます。

　症例紹介ブログ 2.0 時代には、医療業界のパラダイムシフトとなる新しいビジネスモデルも生まれてくることでしょう。各医院が症例紹介ブログを始めることで、過去に類を見ない程大量の症例データが Web 上に UP されます。そうなると、症例を解析する AI の画像診断精度は著しく向上していきます。現在 AI による画像診断の精度を高めるためには、大量のサンプル画像の他、個々の画像が何を示しているのかを予め学習させておく必要がありますが、その課題も医療広告ガイドラインが改正されたことで解決しました。ガイドライン上、ビフォーアフターを掲載するためには、画像ごとに詳細な治療の説明を付記することが必要です。つまり医師による解説が紐づけられた状態で、大量のビフォーアフター画像が UP されるわけです。症例紹介ブログ 2.0

時代の到来とともに、AI による画像診断精度を高める条件が揃うのです。こ
れは偶然でしょうか？私にはもはや将来の成長戦略のために政府が確信犯的
にビフォーアフターの条件を定めたとしか思えません。それくらい日本の医
療にとって、新医療広告ガイドラインの与える影響は大きいと考えています。

　例えば、患者さんが患部の写真を撮り、Web 上に UP すると、AI が自動
的に診断し、想定できる治療法を提示してくれます。さらにネット上に存在
するビフォーアフター画像から類似するものを探し出し、撮影場所から近
い医院順におすすめのアフター画像を推奨してくれ、選んだ医院の予約が
Web 上からできるようになる、といった AI 医療コーディネートシステムの
構築も近い将来可能になるのではないでしょうか。この AI による自動解析
ビジネスの障壁となるのが、世界中で強まる個人情報保護の影響です。健康
に関わる情報は要配慮個人情報として、非常に慎重に扱われるべきなのは間
違いありません。国民のメリットとリスクを天秤にかけ、時代に合わせてガ
イドラインがどう変わっていくのか今後も目が離せません。

　そして、万が一医療皆保険が廃止となるような事態に直面した時、Web
対策の差は医院経営にとって埋めがたい圧倒的な差になります。どこかの医
院が摘発されてからガイドライン対策に取り組めばいいという悠長なことを
考えずに、今がチャンスと積極的に準備に取り掛かることを強くお勧めしま
す。

あとがき

2018年6月に医療広告ガイドラインが施行されて1年半が経ち、ガイドラインの解説サイトも増えてきました。しかしながら、まだガイドラインの「守り方」に重きが置かれており、「活用する」という視点に立って解説している情報媒体は少ないように感じます。その原因の一つは間違いなく、新医療広告ガイドラインが難解かつ言葉足らずであるためです。内容を噛み砕くだけで、記事が成立してしまうので、それ以上書く必要がないと判断されるのでしょう。しかし、今回の改正は法制化したのでやむを得ず対応しなければならないという姿勢で取り組むには、あまりにももったいないです。

本書をここまで読んでくださった皆様には言うまでもないことですが、新医療広告ガイドラインはとても綿密に練られています。医療情報あり方検討会における不可解な急展開やGoogleアルゴリズムの変更時期を考慮しても、とても偶然とは思えない良い場所に着地しています。これが何度読んでも理解に苦しむ「記載可能事項の限定解除」を隠れ蓑にして、巧妙に隠されているように感じます。謎を解き明かし、ガイドラインの全容が明らかになった時、皆様はどう感じましたか？ 医療情報の提供のあり方を変え、来るべきAI時代に備えた厚生労働省の会心の一撃は、近い将来患者さんにとっても福音の始まりになることでしょう。私にはこのガイドラインで日本の医療が進化していく姿が見えます。

本書が患者さんのために命を燃やす全国の医療関係者の皆様のお役に立てることを祈っております。

最後にこの場を借りて、ご協力頂いた皆様にお礼申し上げます。本書を書くにあたり、これまで多くの先生方からヒントを頂きました。いつも御指導ありがとうございます。今後とも何卒宜しくお願い致します。

　本書に掲載した「最後の砦 NG8」の図等は、弊社が誇るデザイナー川口美緒さんに制作頂きました。出版元である株式会社リンケージの早田太郎様、岩村信寿社長には最後まで気苦労お掛け致しました。お力添えありがとうございました。またご縁を繋いで頂きました BCC 株式会社の伊藤一彦社長と大阪トップランナー育成事業の方々にもお礼申し上げます。いつも目をかけて頂きありがとうございます。

　最後に、本書を手に取って頂きました読者様、本当にありがとうございます。皆様の熱意と使命感により、人々の健康は支えられています。本書が少しでもお役に立てたら、私にとってこの上ない喜びです。皆様にどこかでお会いできることを楽しみにしております。

2019 年 12 月 5 日
　　　　　　　　たしかにプラス株式会社　代表取締役　深谷泰亮

●著者紹介

深谷　泰亮（ふかや　たいすけ）

【略歴】

たしかにプラス株式会社
代表取締役 / 集患戦略家
生物工学修士を経て、医薬品・医療機器の開発業
務に従事。蓄膿症、インプラント補填材、肩脱臼
の機器等の臨床試験及び開始前相談に携わり、全
国の医療機関を回る。患者さんに魅力を伝えきれ
ていない医院の広報支援をするため、2011 年に創
業。関西を中心にこれまで 50 を超える医院に対し
て、集患対策を講じてきた。また、医師とともに「美
味しくて健康な」機能性表示食品の開発事業も展
開し、平成 28 年度大阪トップランナー育成事業の
認定を受ける。一般社団法人日本食品エビデンス
協会の代表理事兼任。

2020 年 1 月 15 日　初版第一刷発行
2022 年 2 月 11 日　初版第三刷発行

**集患戦略家が明かす、広告規制を味方につける医療 Web 対策！
「新医療広告ガイドラインで日本の医療が変わる」**

著　者　　©深　谷　泰　亮

発行者　　岩　村　信　寿

発行所　メディカルビジョン出版
　　　　（株式会社リンケージ内）

〒104-0061 東京都中央区銀座 7-17-2
　　　　アーク銀座ビルディング 6F
　　　　（株式会社リンケージ内）
TEL 03(4570)7858 FAX 03(6745)1553

発売所　株式会社 星雲社
　　　　（共同出版社・流通責任出版社）

〒112-0005 東京都文京区水道 1-3-30
TEL 03(3868)3275 FAX 03(3868)6588

乱丁・落丁はお取り替えいたします

ISBN 978-4-434-27071-0　　　　　　　　Printed in Japan 2020